KB245406

초보자를 위한 실전포석 입문

碁聖 大竹英雄 지음
프로바둑연구회 편

太乙出版社

머 리 말

바둑에 있어서 포석이 중요하다는 것은 몇 번이고 강조하여도 지나침이 없을 것이다. 그 기초가 튼튼하지 못하면 어떠한 일도 제대로 이루어 질 수 없을 것이기 때문이다. 바둑에 있어서의 기초는 바로 포석의 진행 과정이라 할 수 있는 초반전이다.

이 단계에서 이미 상대방의 기량도 점을 치면서, 아울러 아군의 진지를 구축할 수 있는 거점의 기반도 확보하지 않으면 안된다. 이 중요한 과정이 바로 포석의 진행이다.

바둑에 있어서는 이론도 중요하지만, 실전의 기량은 더욱 중요하다. 바둑의 최종 목표는 깨끗한 승부에 있기 때문이다. 그 이론이 아무리 뛰어나다고 하더라도 실전의 기량이 부족하다면 이미 그 이론은 무가치한 것이 되고만다.

이 책은 주로 초보자의 기량 향상을 위한 포석의 실전 가이드라고 할 수 있다. 따라서 이 책의 내용을 다만 눈으로만 읽지 말고, 직접 바둑판 위에다 두어보면서 암기하고 이해하여 꼭 자기의 기본 실력이 될 수 있도록 노력하기 바란다.

바둑은 누구나 다 쉽게 배우고 어느 정도까지는 가볍게 둘 수가 있는 게임이지만, 상당한 실력을 쌓기 위해서는 의외로 어려운 분야이다. 끊임없이 배우고 노력하는 자세 속에서만 알찬 실력을 쌓아갈 수 있으리라 믿는다.

아무쪼록 이 책을 통하여 독자 여러분의 기초 실력이 충분히 쌓여지기를 기대한다. 그럼 여러분의 고군분투를 빈다.

저자 씀

차　례*

제1장

평행형 포석을 이용한 실전 바둑 입문

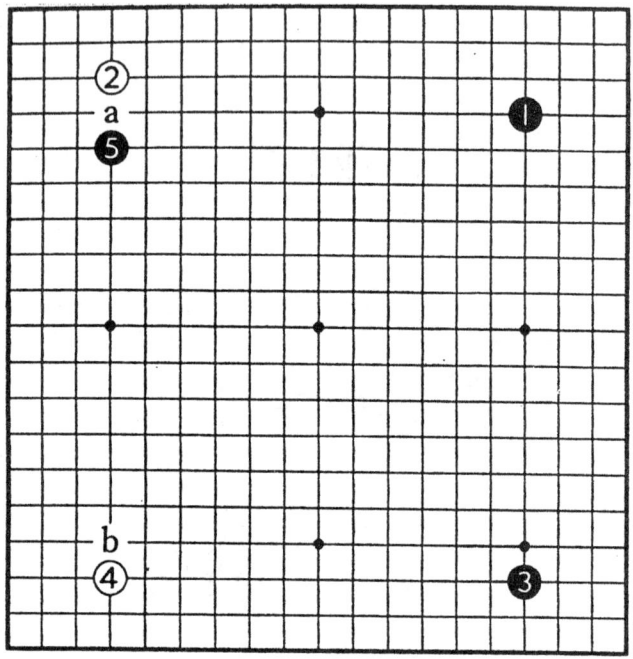

제 1 형

1. 맞소목

한변의 상하, 또는 좌우에 소목으로 마주하고 있는 포석을 일반적으로 '맞소목' 이라 부르고 있다.

맞소목은 똑같은 소목이라도 방향이 귀의 화점을 사이에 끼고 있는 것이 특징이다.

또 흑끼리, 혹은 백끼리인 경우는 물론이고, 흑과 백이 한변에서 대치하고 있는 경우에도 '맞소목' 이라 한다. 또한 흑과 백의 경우는 '싸움소목' 이라고도 부르고 있다.

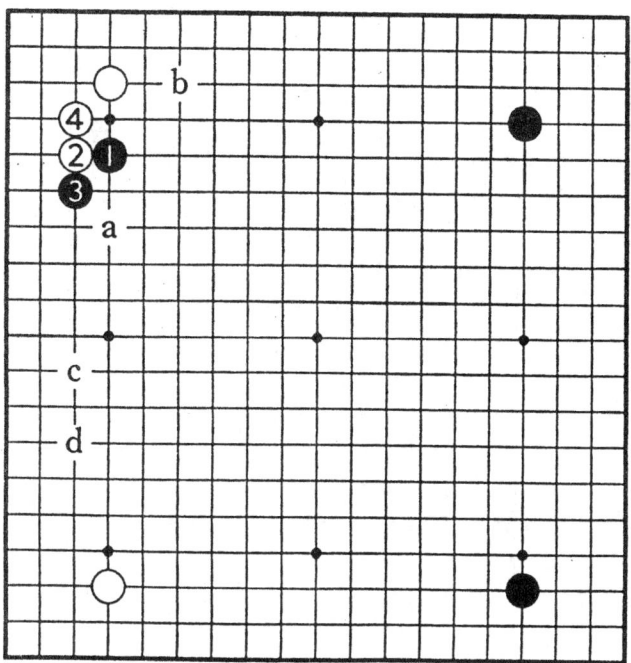

1 도

○제1형

혹1·3은 화점과 소목으로 평범한 병행형.

이것에 대해 백2·4의 양소목이 맞소목이다. 화점 a와 b를 사이에 끼고 있는 것을 알 수 있을 것이다.

1도(일반형)

위의 소목에 걸리느냐, 아래의 소목에 걸리느냐로 모양이 달라진다. 우선 혹1로 걸쳐 본다. 백2·4가 보통. 다음에 혹a라면 백b, 혹c에 백d는 혼히 생긴다.

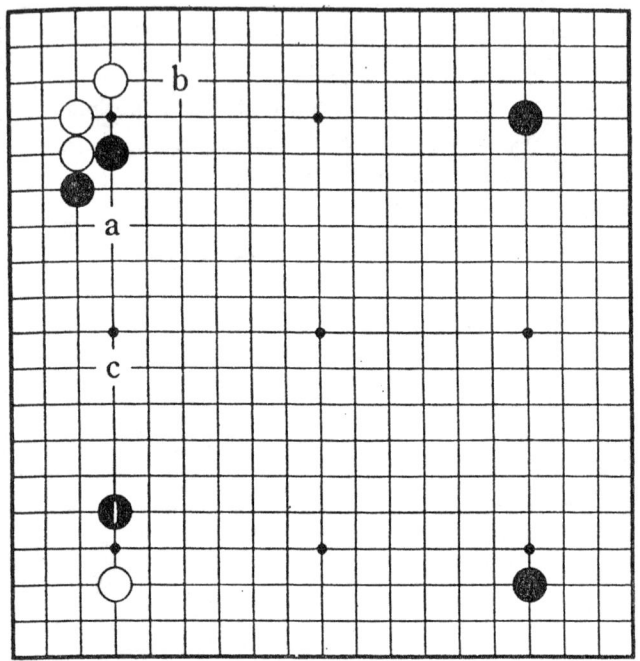

2 도

2 도(걸침에 선착)

맞소목의 경우 1 도 백 4 에 대해 흑 1 로 걸치는 수법이 흔히 사용되고 있다. 즉 흑a의 잇기, 백b의 대비를 교환하고 나서 흑 1 로 걸치면 백c로 뛰어들게 되어 상하의 흑으로의 공격을 볼 수 있다.

흑a로 이은 형이 아무래도 무거우므로 흑으로서는 앞으로의 수습이 상당히 힘들 것 같다.

흑 1 로 걸치고,

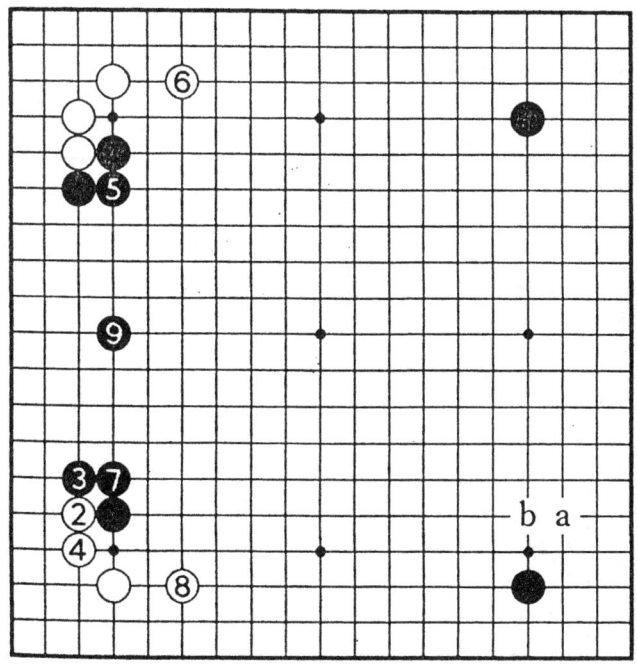

3 도

3도(흑 충분한 준비)

백 2・4로 붙여 끌려오면, 흑 3에서 5로 잇고, 다시 7의 잇기를 두어 9로 준비한다.

백에 상하의 집을 주었으나 좌변의 흑의 준비도 나쁘지 않고 이제부터 충분히 싸울 수 있을 것이다.

사실 이러한 추이는 실전에서 많이 볼 수 있다.

백은 선수로 a나 b의 걸침으로 옮겨가게 되는데, 그것은 그것이고 앞으로의 싸움 여하에 달렸다.

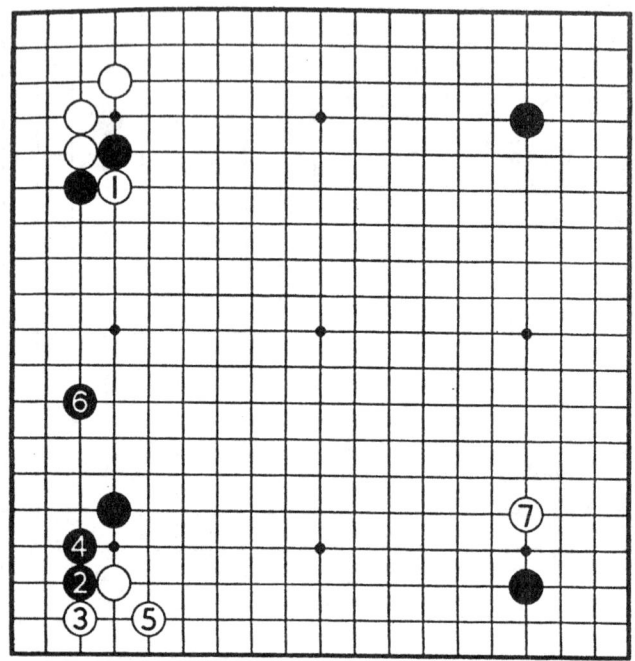

4 도

4 도 (실전례)

2 도에 이어서 백 1 로 끊는 수도 유력하다.

기세로 보아 이쪽이 보통의 착상.

필자의 바둑에도 이 국면(局面)에서 백 1 로 끊은 예가 있다. 제 7 기의 기성전, 최고 기사 결정전에서 小林光一 9 단과 대전한 바둑이다.

小林 9 단은 좌하에서 흑 2 · 4 로 붙여당기는 정석을 채용하였다.

필자는 여기서 선수를 뺏고, 나머지의 걸침 백 7 에 맞섰다. 이후――

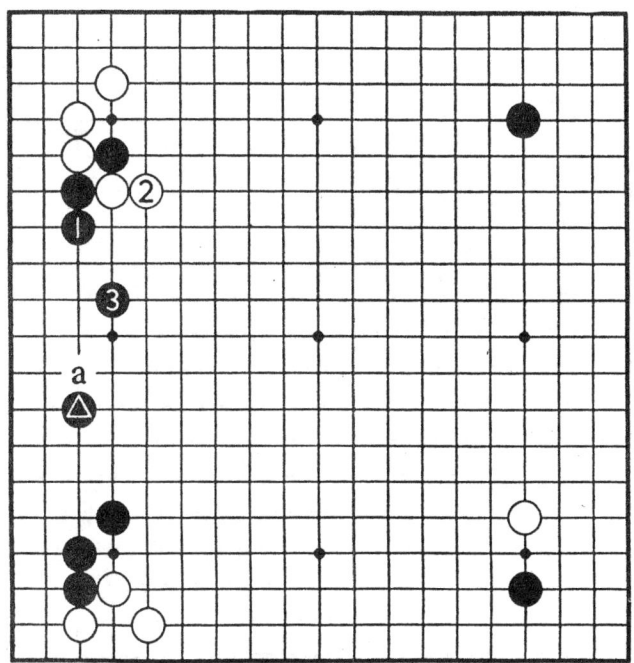

5 도

5도(좌변의 마무리)

혹은 좌변에서 1로 당기고, 백 2에 혹 3으로 순비한 것인데, 이렇게 되고 보면 혹 ●의 벌림(4도 혹 6)의 위치가 타당하다는 것을 알 수 있다. ●의 수는 보통은 a까지 벌리는 것이 정석으로 되어 있으나, 小林 9단은 본도를 상정하고 미리 ●로 좁게 벌리고 있던 것으로 생각된다.

좌변의 백의 맞소목에 대해 혹이 걸친 곳에서 생긴 분리, 좋은 가감(加減)으로 보아야 할 것이다.

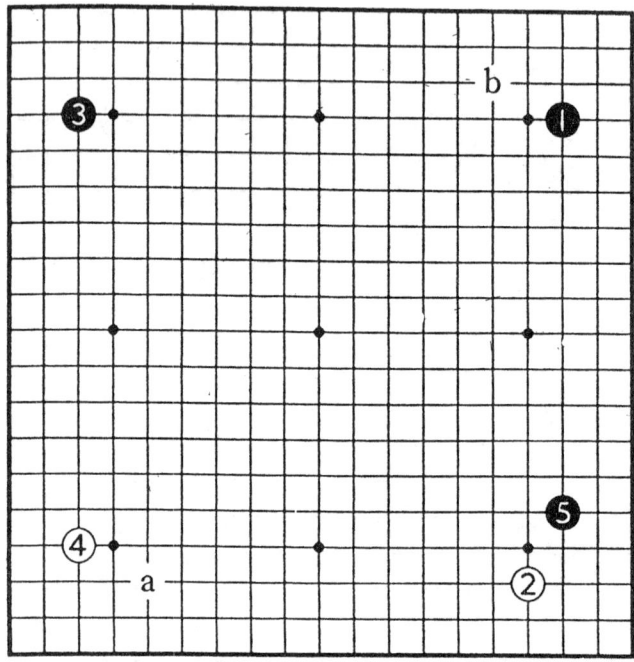

6 도

6 도 (흑의 맞소목)

혹이 1·3으로 맞소목을 차지할 수 있다.

백2·4의 배치에 따라 혹의 방법도 바뀌게 되는데, 이 그림과 같이 백2·4로 소목을 차지하면 혹5로 걸치는 것이 보통.

때로는 a방면에 걸치는 수도 없는 것은 아니나, 하변의 백의 세력권내에 들어가기 보다도 우하귀에 5로 걸치고, 우변에서 상변으로 걸쳐 우위에 서려고 하는 것이 상식적 인 생각이다.

여기서 백이 a로 굳히면 혹은 b로 굳히게 될 것이다. 이

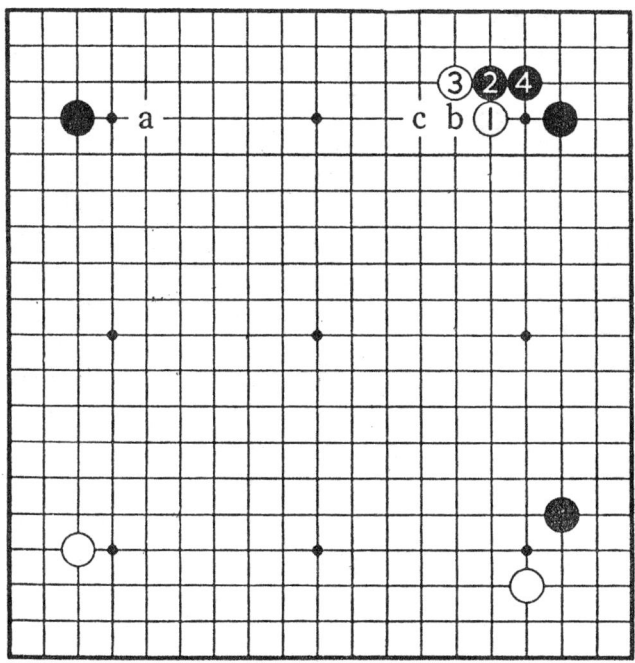

렇게 되면 흑이 두기 쉬운 포석이 된다.

따라서,

7도 (상변으로 향한다)

백으로서는 1로 걸쳐 가고, 상변에 교두보를 구축하려고 하기 마련이다.

흑2 · 4는 우상귀의 실리를 중시하고, 이곳을 정하여 두려는 수법.

여기서 백이 손을 빼고 a로 걸치면, 흑b로 끊는 4도의 형이 생겨난다. 4도 이후 c로 걸쳐잇는 실전례를 다음에 나타내 보자.

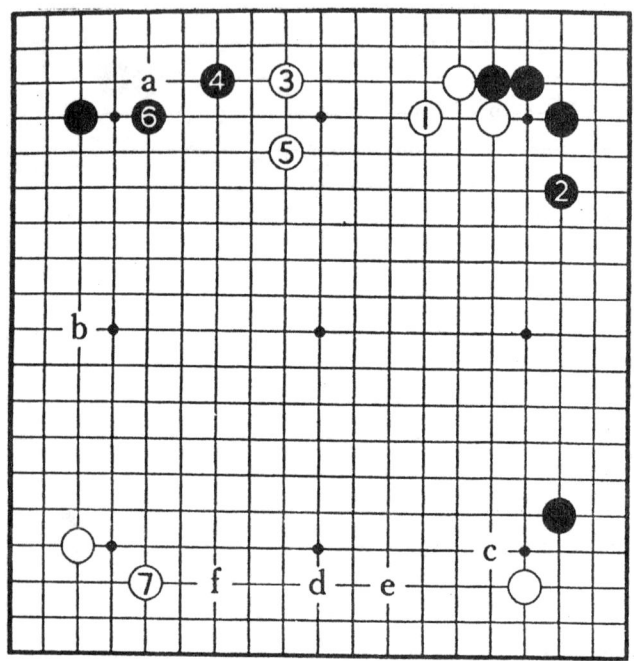

8 도

8 도(실전례)

7 도에 이어서 백 1 로 걸친 예이다.

백 3 까지 정석.

여기서 흑 4 로 메워(4 에서 a의 굳힘으로는 백에게 아무 영향 없다), 6 으로 준비하였다.

남은 굳힘은 백 7.

이후 진행을 참고로 나타내면, 흑 b로 큰 곳. 이어서 백은 c의 마늘모.

이 마늘모를 두지 않고 방치하면 흑에서 c로 걸치게 되어 우변에 모양을 뻗게 된다──그것을 걱정한 것일 것

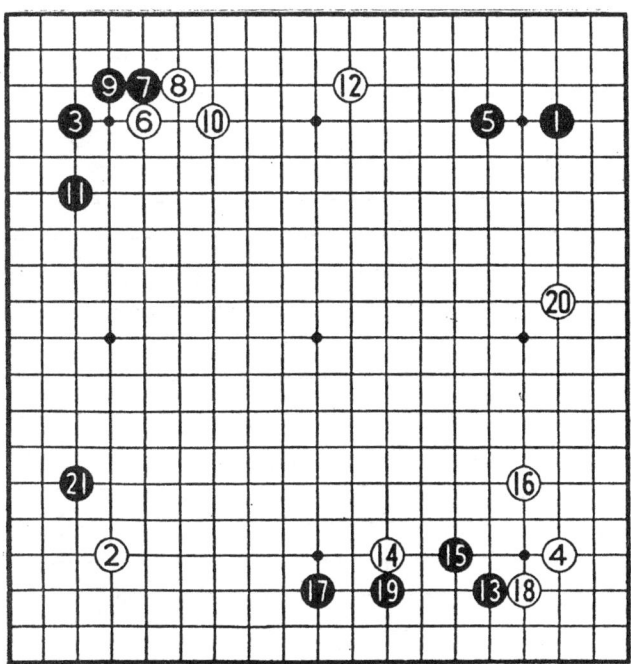

9 도

이다.

이어서 흑d로 가르기를 하고 백e, 흑f라는 전개가 되었다.

9 도 (실전례)

백 2 가 화점, 4 가 소목인 배치이다.

이것은 제 5 기 명인전에서 조치훈 기성의 도전을 받았던 제 3 국이다. 필자는 흑.

흑 5 로 굳히고 백 6 이하 12 인 진행이다.

흑은 당연 13 의 걸침에 선착하였다. 이하 흑 21 까지 상변의 맞소목을 깨는 대신 흑은 하변을 깨는 포석이 되었다

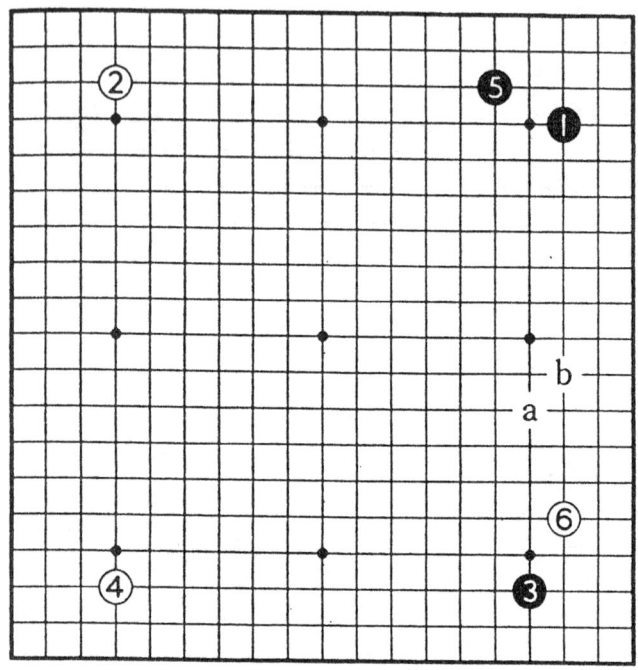

제 2 형

○제 2 형

그럼 다시 백 2 · 4의 맞소목을 들어 본다.

단 흑 1에서 5로 준비한 것으로 상황은 크게 변했다.

이 흑의 준비는 백 6의 걸침을 맞아 a의 두 칸 높은 협공, 혹은 흑b로 세 칸 협공을 하는 것이 보통의 착상이다.

이 포석에서 백의 맞소목에 양굳힘을 허용한 실전례를 들어 본다.

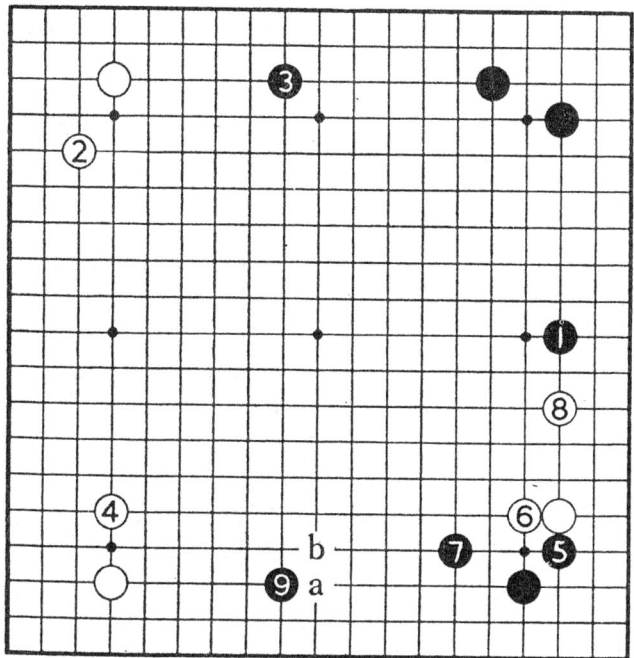

1도

1도(실전례)

흑1로 큰 곳을 차지한 것이다.

이것은 백에게 양굳힘(2, 4)을 허용하고, 흑3과 9의 상하의 큰 곳을 차지하려는 포석 작전으로 특수한 방법이라 할 수 있다.

흑1에서는 협공이 되어 있지 않으므로 백2의 굳힘으로 맞선다.

흑3의 큰 곳에 백4로 다시 굳혔다.

결국 흑9까지가 되었는데, 흑9가 너무 벌어져 a로 참아야 했다. 바로 백b로 어깨를 붙이게 하여 곤란했다.

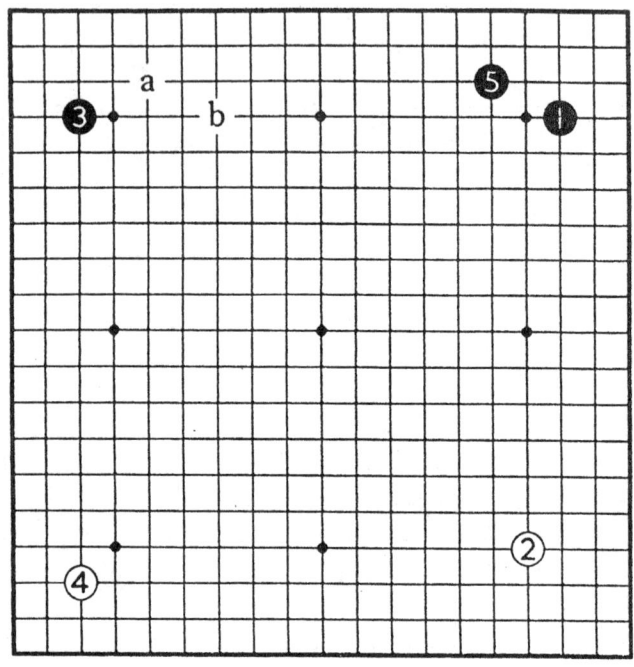

제 3 형

○제 3 형

혹의 맞소목에서 **5**로 날일자로 굳히는 형이다.

이 포석은 백이 화점, **4**에서 3·3을 차지했으므로 혹으로서는 백으로의 걸침을 서두르지 않는다.

그래서 당연히 **5**로 굳히게 되는 것이다.

맞소목에서 한쪽을 날일자로 굳히는 것은 한때, 필자가 자주 사용한 형이다.

다음에 백으로부터 a방면으로 걸치는 수가 예측되지만, 혹b로 협공하려는 의도가 있다.

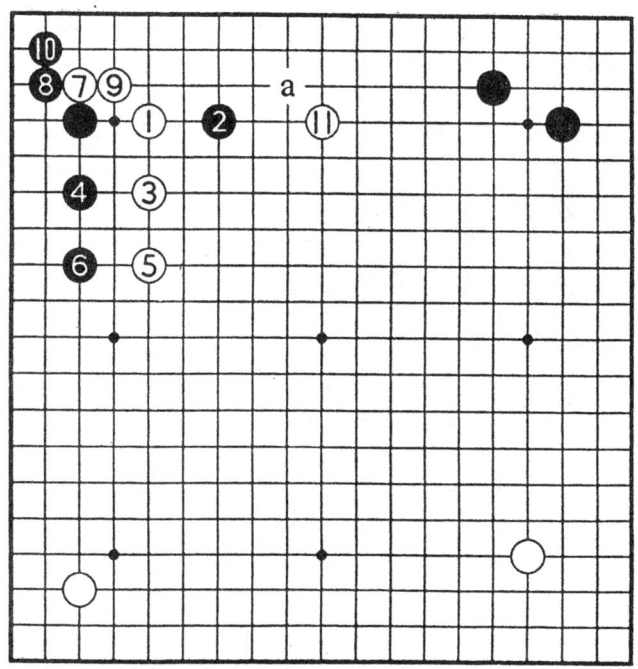

1 도

1 도 (한 칸 높은 협공)

협공을 완화하는 의미에서 백 1 로 높이 걸치는 것이 보통이다.

여기서 흑 2 의 한 칸 높은 협공은 역시 필자가 즐겨 사용한 수법이다.

백 3 이하 흑 10 까지는 몇 번이나 실전에 나왔다.

백 1 · 3 · 5 의 뛰는 돌을 활용하려면 백 11 의 협공(백 a 도 있다) 밖에 없다. 흑에게 11 로 준비하게 하면 좌상의 뛰고 또 뛰는 돌은 허술해져 버린다.

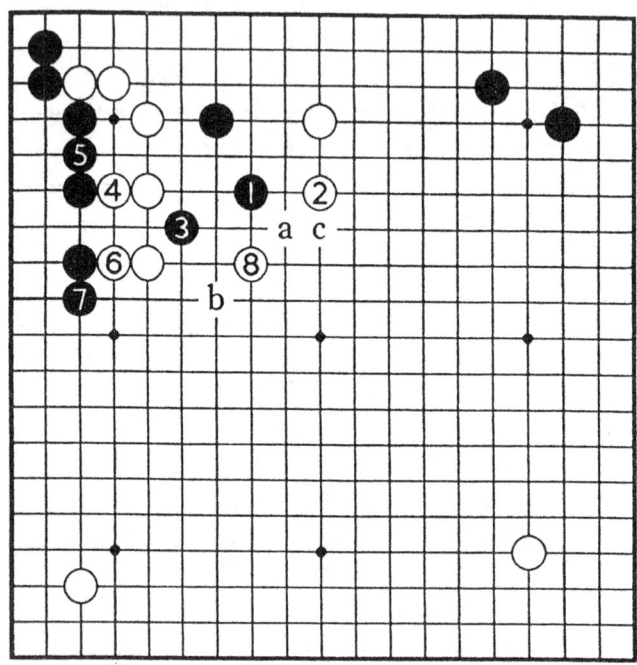

2 도

2 도(실전례)

1 도에 이어서 흑 1 로 움직이기 시작한 예.

백 2 의 뜀에 흑 3 을 살리고, 백 4 · 6 에 흑 7 까지로 좌변을 굳혔다.

백 8 의 반격.

이것에 대해 흑a, 백b, 흑c라는 싸움으로 돌입하였다.

3 도(실전례)

역시 흑 5 로 굳히고, 백 6 의 걸침에 흑 7 로 한칸 높은

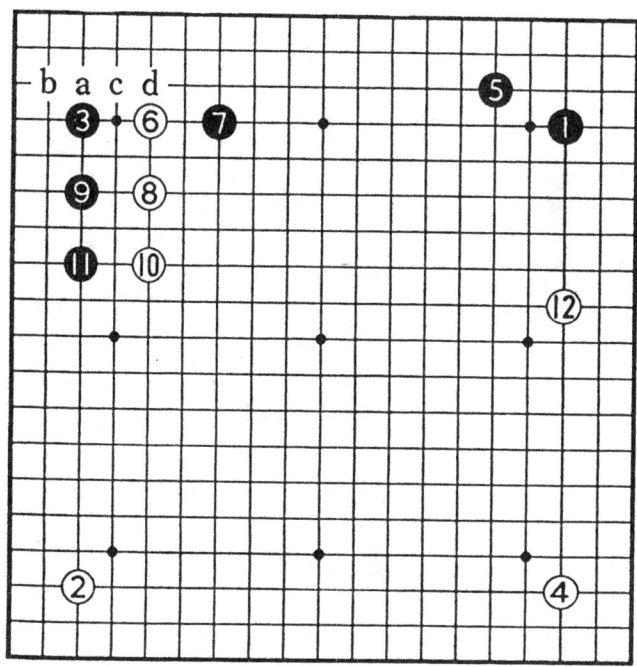

3 도

협공을 한 예이다.

이어서 백 8 에서 흑 11 까지는 전례와 똑같다. 여기서 백 a, 흑b, 백c를 보류하고 백 12 로 큰 곳에 선착해 왔다.

이 바둑은 백이 2 · 4 로 하귀에서 양3 · 3을 차지하고 있는 것이 특징.

또한 좌상의 한 칸 높은 협공의 경우는 흑에서 d로 붙여질 염려는 이미 없으므로 백a의 붙임은 보류할 수 있다.

그럼 이후 어떻게 움직였는가 도시(図示)해 둔다.

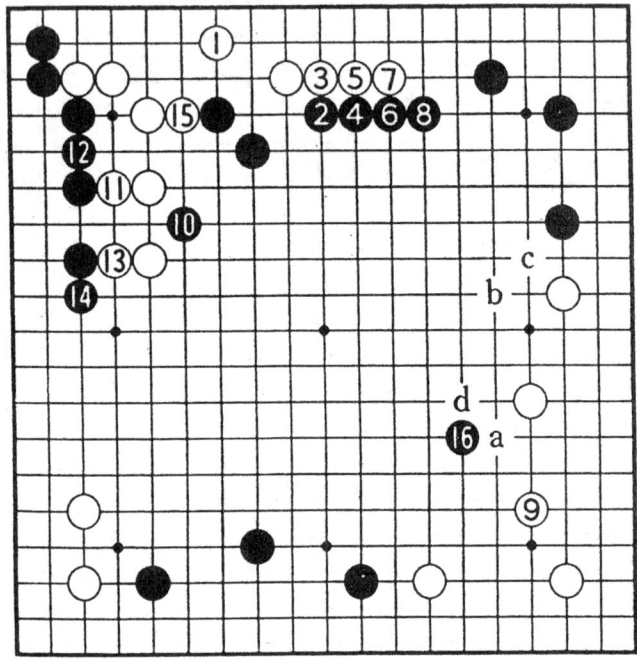

5 도

5 도 (흑 큰모양)

백은 1로 연락을 꾀하였다. 좌우에 약석(弱石)을 안고 있으면 싸움에 불리하다.

흑2 이하 8까지는 과감한 수. 백15까지 보강했을 때, 흑16으로 엿보고 이하 백a, 흑b, 백c, 흑d로 큰모양을 형성해 갔다.

◇ 학습의 포인트 1

(1) 맞소목은 어느 한쪽을 굳히게 하는 것이 특징.

(2) 맞소목은 한쪽을 굳히고, 다른쪽에 걸쳐 온 상대의 돌을 공격하는 것이 당초부터의 목표.

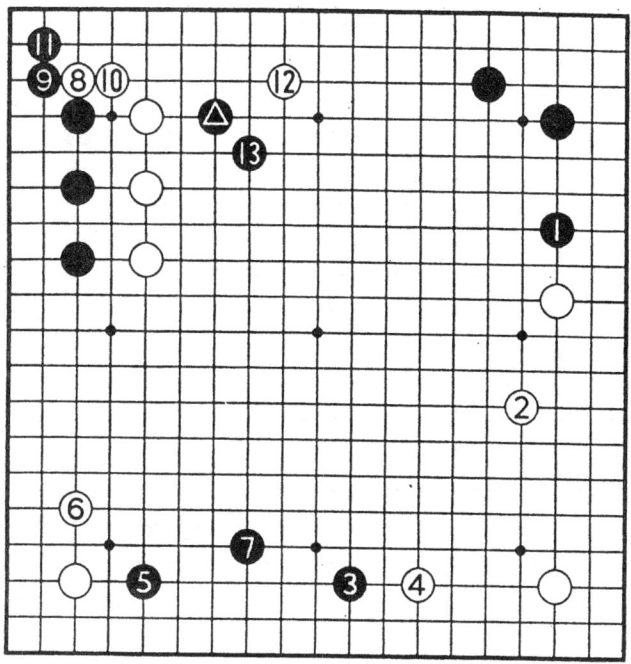

4 도

4 도 (진행)

혹 1 에서 메운 것은 약간 좁은 느낌이지만 맞소목에서 발달한 우상귀의 굳힘, 그리고 ●의 한 칸 협공과 더불어 상변에 모양을 형성하려는 당초부터의 계획을 진행하는데 필요한 일착이다.

혹 3 이하 혹 7 은 보통.

백 8・10을 정해 12로 뛰어들고 슬슬 싸움이 시작된다.

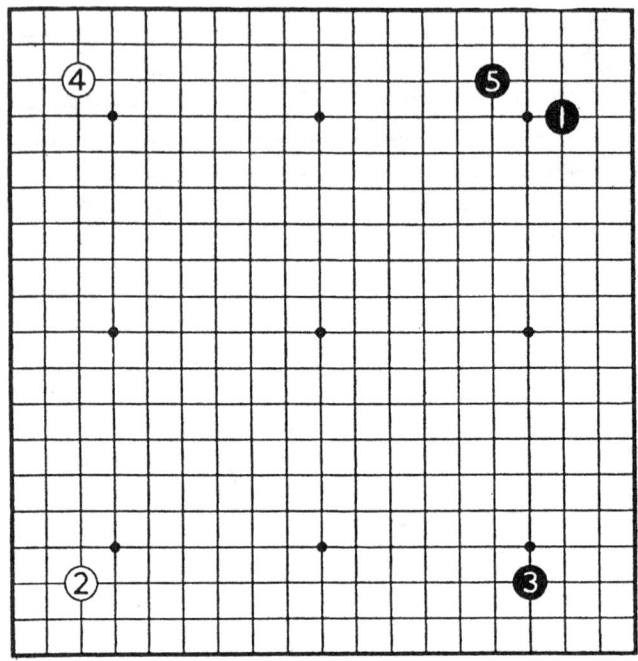

1 도

2. 양3·3

3·3은 옛날에는 '파문의 수'로 불리운 것이다. 귀에 치우치고, 게다가 위치가 너무 낮으므로 3·3에 두면 스승으로부터 파문되었다고 한다.

그러나 현재는 훌륭한 일착으로서 많은 기사들이 두고 있다. 그 기초를 만든 것은 吳淸源 9단이라 해도 과언이 아니다.

3·3은 위치는 낮으나 한수로 귀를 단단히 지키고 있

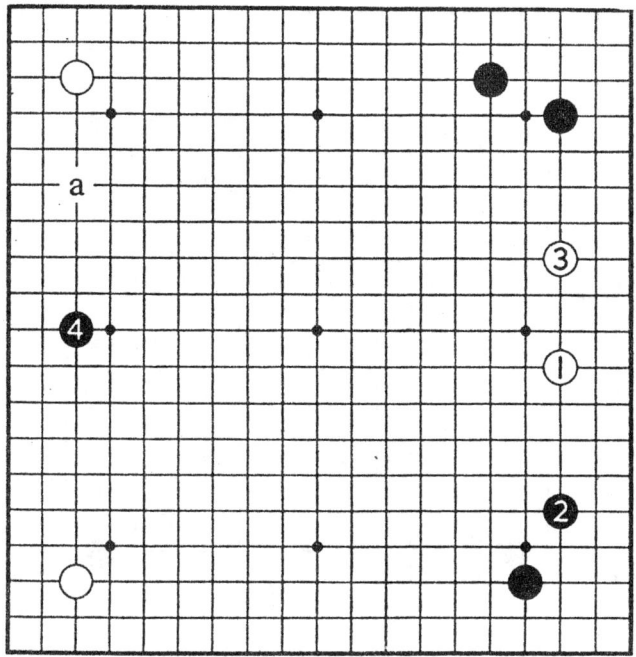

제 1 형

다. 따라서 차분히 앉아서 두는데는 아주 효과적이다.

　1도(백의 양3·3)

　백2·4가 양3·3. 어느쪽이냐 하면 백이 많이 사용한다. 차분히 두는 섬세한 바둑으로 이끌어 덤으로 걸려는 의도가 있다.

　○제1형

　가르기 중심으로 들어 본다. 흑4가 양3·3의 준비에 대항하는 하나의 방법. 물론 흑a의 걸침도 있다.

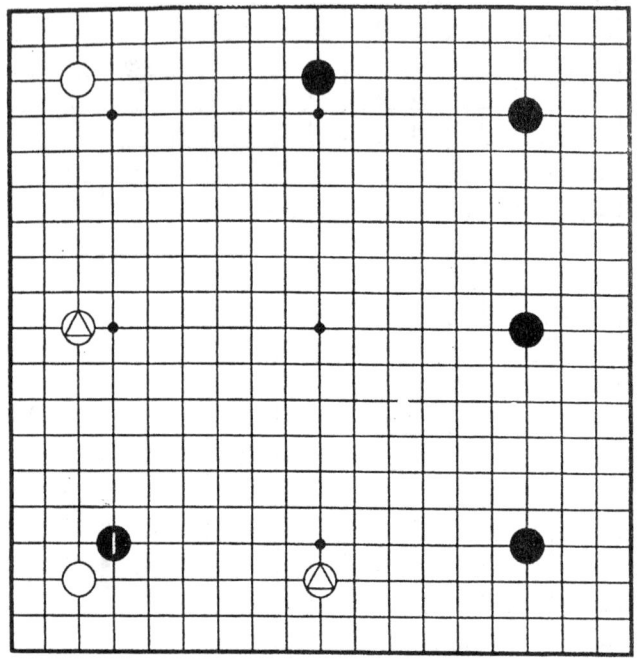

2 도

2 도 (낮은 곳의 약점)

그럼 3 · 3 에는 어떠한 약점이 있을까.

이 그림은 조금 극단일지도 모르나, 좌하귀의 3 · 3 을 중심으로 좌변과 하변에 △ 가 배치되어 있다고 하자. 이 두 점이 모두 제 3 선에 있으나, 이와 같이 위치가 낮은 때에는 흑 1 의 어깨붙임이 급소가 된다.

따라서 그 △ 어느 한쪽만이라도 한길 높이 제 4 선을 차지하려고 하지 않으면 안된다.

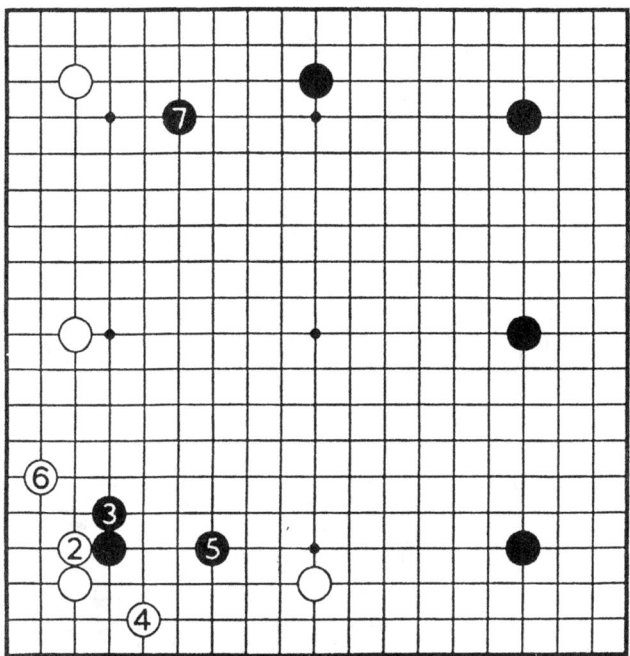

3 도

3도(정석)

부분적으로는 백 2로 뻗고, 흑 3에 백 4로 달리는 것이 정석으로 호각(互角)이라 불리고 있으나, 가령 흑 5 이히 7을 상정해도 백의 전체가 너무 낮아 좋지 않다.

입장을 바꾸면 흑쪽은 안이 두터워져 우위에 선다는 것이다.

따라서 3·3을 중심으로 포석하는 경우 전체가 낮아지지 않도록 충분히 주의해야 할 것이다.

특히 양3·3의 경우는 그것만으로도 위치가 낮으므로 다른 배석(配石)으로는 위치의 점(点)에 신경을 쓰라.

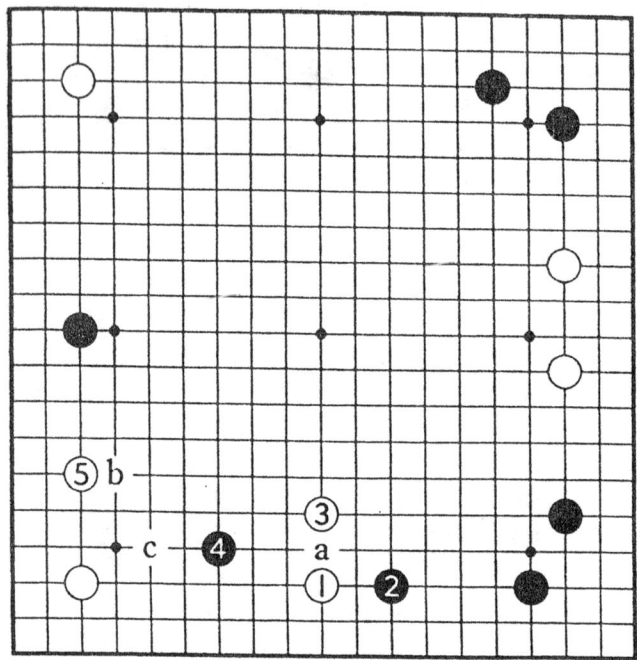

4 도

4 도 (실전례)

제 1 형 이후 어떻게 포석이 진행되는가, 실전례에 비추어 생각해 보자.

우하귀의 굳힘과 3·3 과의 중앙 백 1 이 최대의 큰 곳.

이 경우 아무리 위치가 낮더라도 제 3 선에 있는 편이 틀림없다. 그것을 혹 백a에 두면 혹 2 로 메워져 백a의 돌이 드러나 버린다.

혹 2 의 메움에 백 3 으로 뛰어 모양을 넓힌다.

이 바둑은 제 5 기 명인전에서 조치훈 기성이 도전해 왔

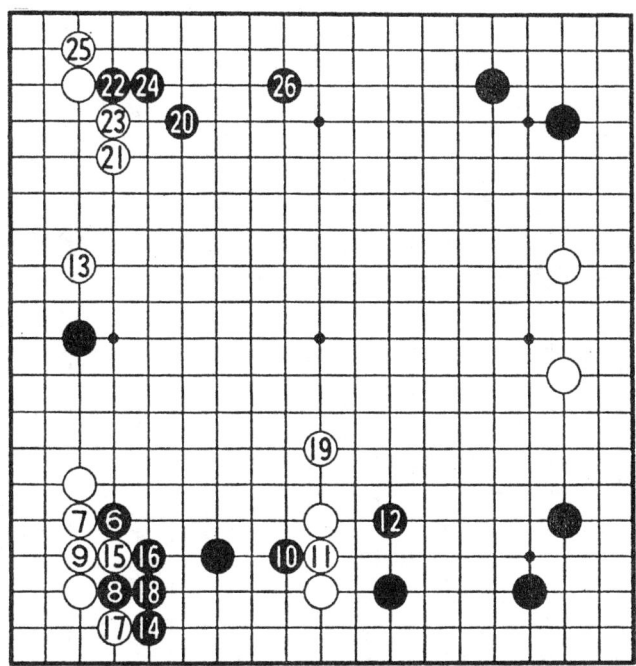

5 도

던 제 5 국이다.

　필자는 바로 흑 4 로 뛰어들어 갔다. 이것으로 흑 b 로 메
우는 수도 생각할 수 있으나, 그렇게 하면 백 c 로 응하게
되어 바둑의 흐름이 느긋해진다. 그러면 흑의 선착의　이
익이 적어져 버린다고 판단했기 때문이다(백 5 에서는 'b
에 두어야 했다' 는 조기성의 감상이 있었다). 이후,

　5 도(진행)

　흑 6 이하 26 까지 진행하였으나 좌상의 3 · 3 을　둘러
싼 응접(応接)의 방법도 참고로 하라.

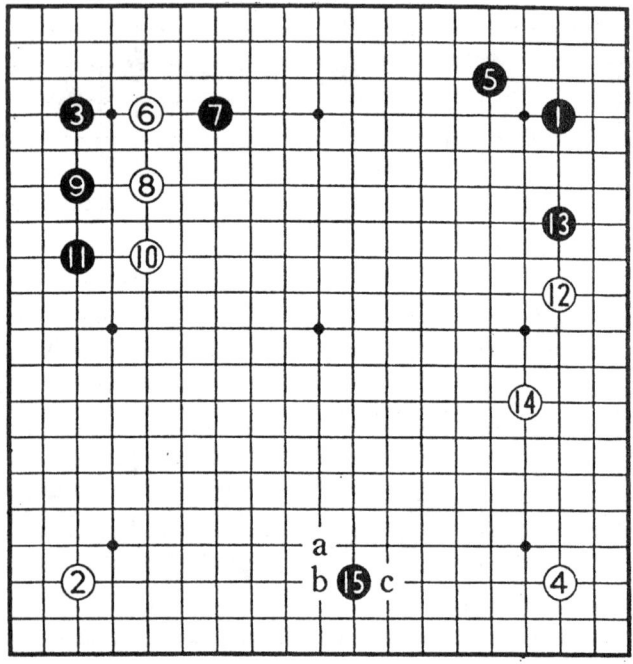

6 도

6 도 (실전례)

이것은 제 1 기의 명인전에서 石田芳夫 9 단(백)의 도전을 받았던 제 3 국.

흑 1 · 3 의 맞소목에 대해 백은 양 3 · 3 으로 대항해 왔다.

흑 5 로 굳히고, 흑 7 로 한 칸에 높이 협공하는 전법은 필자가 일찌기 종종 시험해 본 것이다.

백 12 의 전개에 흑 13 에서 협공하는 것은 상방(上方)의 흑모양을 의식한 것이다. 좌상(左上)의 백 세점으로의 공격도 남아 있고, 상변의 모양이 흑집화의 즐거움이 있다.

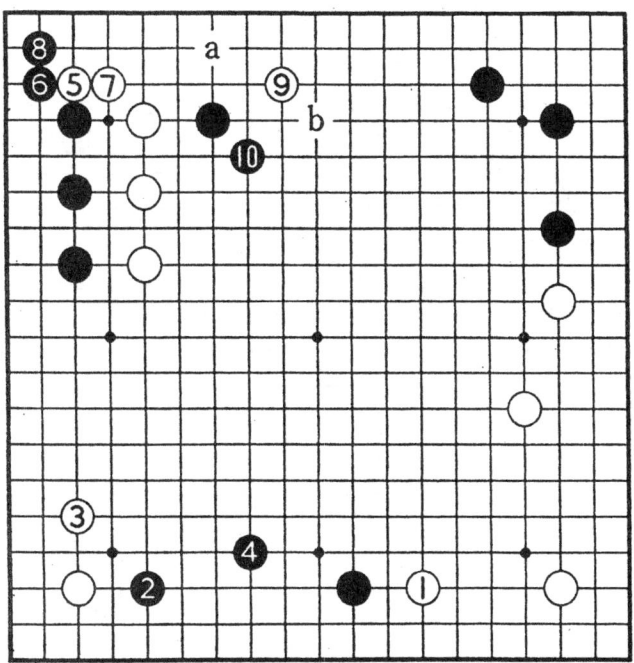

7 도

백 14에 대해 혹 15의 가르기는 이것이 보통. 방치하여 백a로 순비하게 하면 하변 일대에 백의 큰모양이 형성된다.

또 혹 15에서 b로 가르는 것은 백c로 메워져 우하에 백모양이 커진다.

7 도 (진행)

혹 2·4의 방법에 주목하라. 3·3에 대해서 혹은 이런 식으로 대처한다. 또한 혹 10 이후 백a, 혹b로 변화하였다.

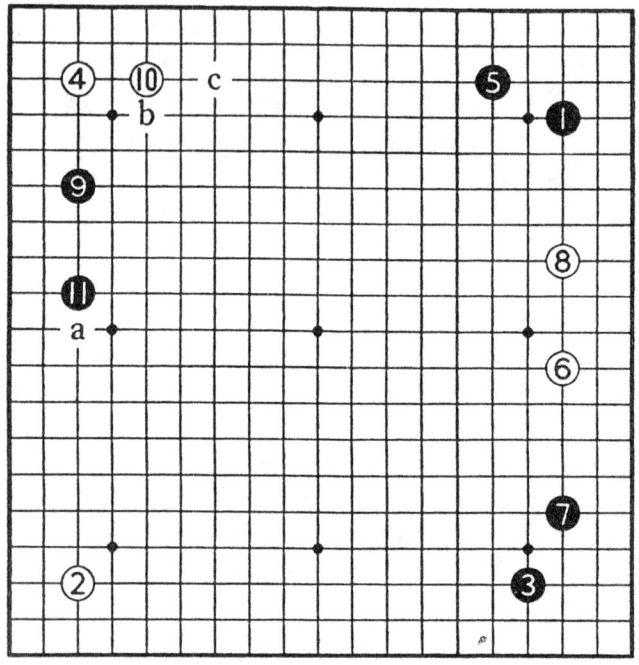

제 2 형

○제 2 형

이번에는 가르지 않고 백의 3·3으로의 걸침으로 가는 수법을 들어 본다.

흑 1·3·5는 정통적인 준비.

여기에 대해 백은 2·4로 양3·3을 깔았다.

백 6·8은 제 1 형과 같이 흑에게 양굳힘을 허용하고, 느긋한 페이스로 뛰어들려는 작전이다.

다음에 흑은 a의 가르기가 아닌 직접 흑9로 걸쳐 흑11

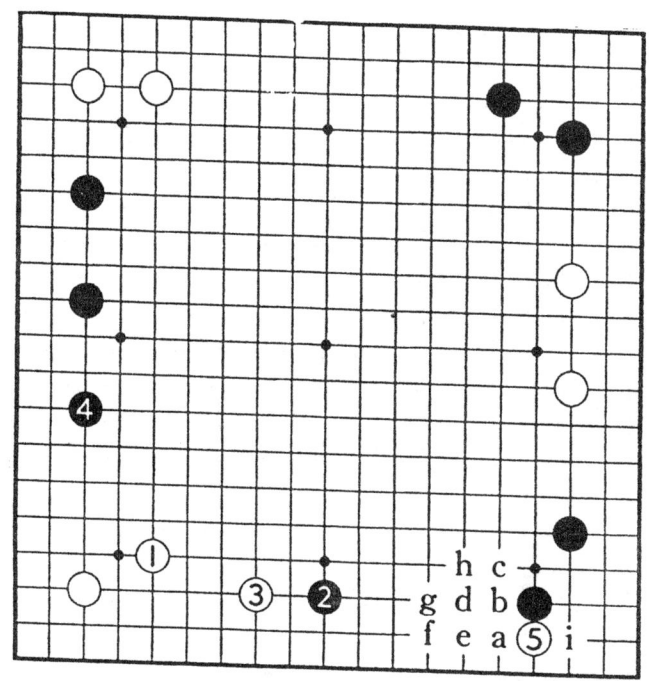

1도

로 두 칸에 벌리는 포석도 있다.

또한 백 10에서는 부분적으로. b로 받는 수도 있는데, 이 포석에서는 흑으로부터 c에 메워지는 수가 엄한 것으로 10으로. 한 칸에 받고 있다.

1도(실전례)

상형에 이어서 백 1 이하 백 5로 진행한 실례.

백 5에 이어서 흑a로 누르고, 백b, 흑c, 백d……이하 기호순으로 흑i까지로 격렬한 싸움에 돌입하였다.

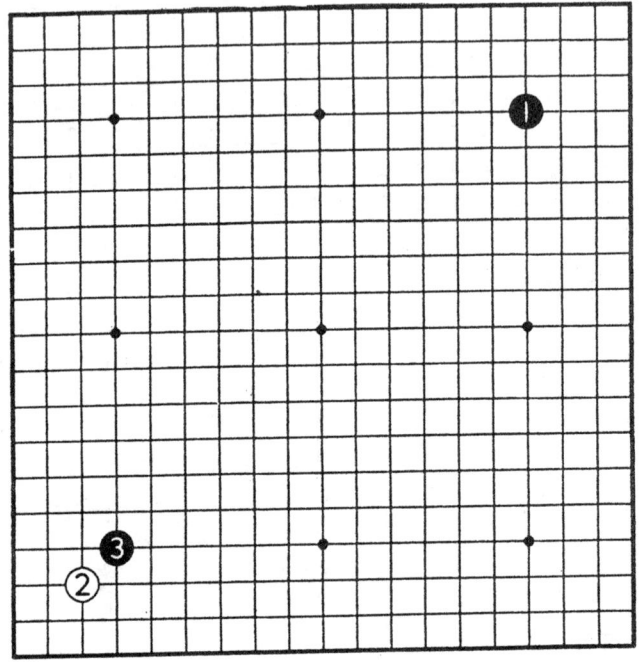

2 도

2 도 (실전례)

백의 3 · 3에 직접 걸치는 수법은 흔히 볼 수 있으나, 때로는 이 그림과 같이 빈 귀를 그대로 두고 갑자기 흑3 으로 어깨를 잇대어 가는 수도 있다.

즉 흑으로서는 백의 응하는 것을 보고 좌상이나 우하, 또 소목이나 화점등 그 선택의 태도를 정하려는 것이다.

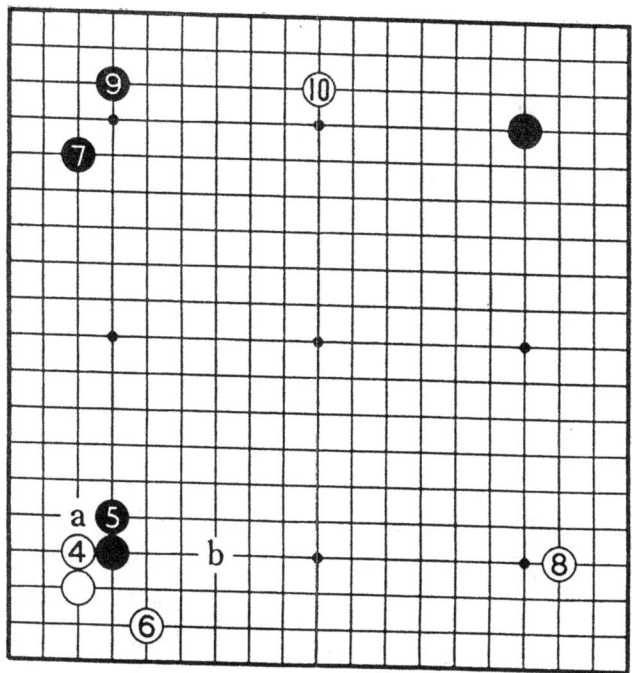

3 도

3도(진행)

백**4**·**6**으로 응하였다. 여기서 부분적으로는 흑a의 누름, 흑은 흑b의 두 칸뜀이 상법이 되고 있으나, 흑은 여기서 손을 빼어 **7**에 신착하였다.

이것에 대해 백**8**로 빈 귀로 기우는 것이 보통. 이것으로 **9**로 걸치면 흑에게 **8**방면의 빈 귀도 점거당하고 만다.

흑**7**로 둔 것은 흑**9**의 굳힘을 상정한 행동일 것이다. 다음———.

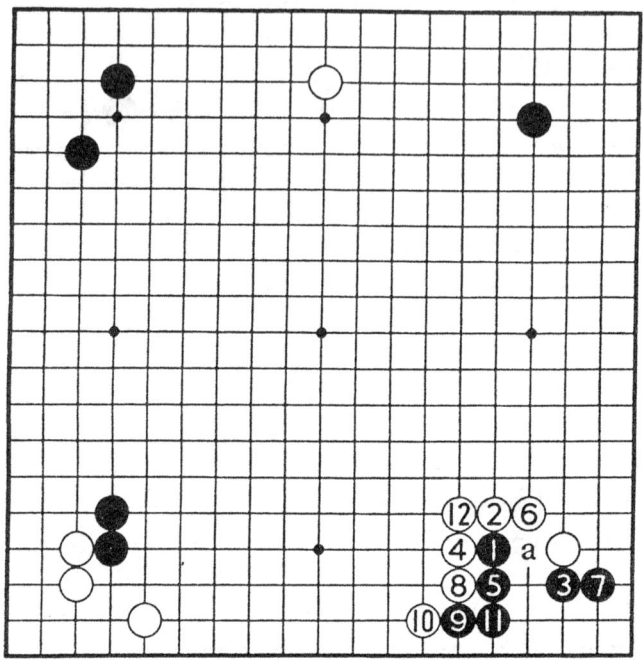

4 도

4 도(좌우의 관계)

이 바둑은 양3·3은 아니지만 3·3에 대한 흑의 대처 방법을 나타낸 일례로 든 것이다.

우하가 쌍방의 절충이라 해도 항상 좌하귀의 모양이 기준이 되어 행해지고 있다. 물론 상변의 배석에도 주시하고 있으나, 그보다는 가까이에 있는 좌하의 모양쪽의 영향이 크다.

백2에 대해서 흑3은 축이 좋은 경우에 둔 정석.

단 백4에 흑a로 막다른 길로 몰지 않고 5로 내린 것은

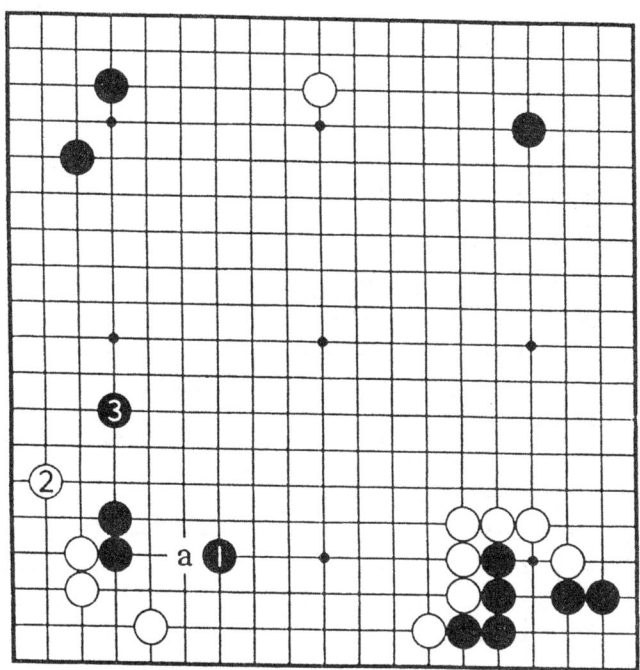

5 도

이 바둑에서는 흑a의 변화가 바람직하지 못하다고 보았기 때문이다.

당연히 백 12 까지 차단이 되었다. 이어서,

5 도 (급한 곳)

흑 1 은 이 한 수. 백의 세력의 작용을 삭감하려는 것이다. 혹 흑 1 을 생략하면 백a가 절호로 하변에 큰모양을 만들 수 있을 뿐만아니라 왼쪽의 흑 두 점이 들떠버린다.

흑 3 까지 2 도 흑 3 을 계승한 교묘한 작전이다.

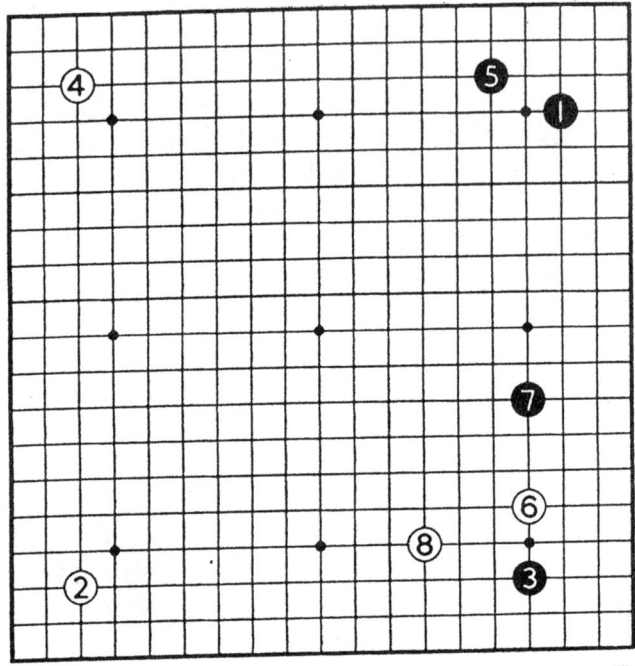

6 도

6 도(실전례)

양 3 · 3 의 경우는 각각 귀를 한 수로 두어 끊고 있으므로 대부분 다른 귀에서 싸움이 일어나는 케이스가 많다.

이 그림도 마찬가지.

흑은 5 까지 하방이 소목, 상방이 굳힘의 구조.

그렇게 되면 우하귀 백6 의 걸침에 선착하는 것이 보통이다. 여기서 흑7 로 두 칸에 높이 협공하는 '村正의 요도(妖刀)' 정석으로 들어간다.

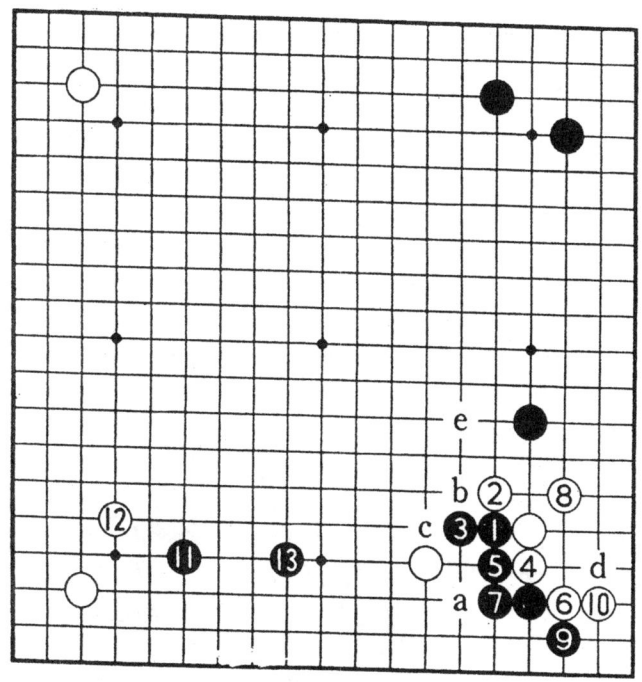

7 도(구(旧)정석)

혹 1 의 붙임 이하 백 10 까지가 정석이다. 또한 최근에
는 혹 5 에서 a로 뛰고 백b, 혹c, 백 6, 혹 7, 백d인 정
석이 유행하고 있다. 지금같으면 필자도 그렇게 두었을지
도 모른다. 그러나 백 10 까지 이것도 성립할 것이다.

혹 11 의 걸침이 우선 3·3에 대한 수법의 제 1 탄. 혹
13 으로 준비하여 히변에 모양을 형성한다. 다음에 혹e,
백b, 혹c로 집으로 하는 수법을 노리고 있으므로 백도 방
치할 수 없고——

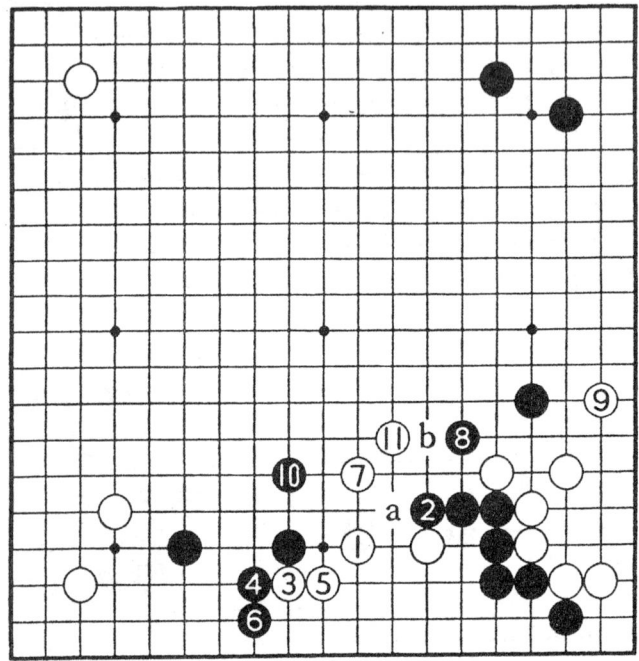

8 도

8 도(싸움)

백 1 로 움직이기 시작하였다. 3, 5 의 붙여당김은 기민(機敏).

백 7 의 뜀이 성급한 수로 이것으로 백a는 흑b로 뛰게 되어 안된다.

이렇게 해서 하변에서 이미 중반전으로 돌입한다.

이와 같이 양3·3의 경우는 다른 지점에서 싸움이 일어나는 케이스가 많다.

그럼 이후 양3·3의 주변에서 어떠한 공방(攻方)이 나타났는가, 참고로 순서를 나타내 둔다.

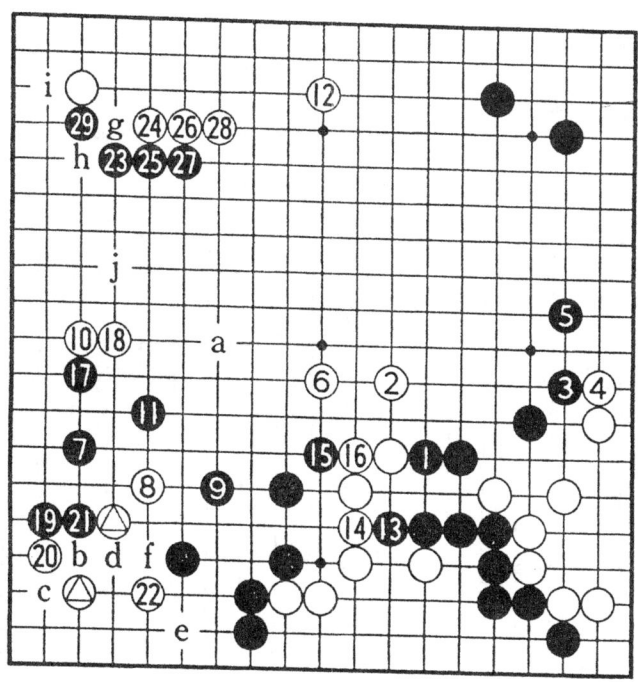

9 도

9도(양3·3의 주변)

하변에서 우변의 싸움은 백6으로 대비하여 일난락.

흑7의 메움이 3·3으로부터의 준비(△의 두점)로의
급소이나, 백8을 유인하여 흑9로 정형(整形)한다.

백10에서 12로 큰 곳에 선착하여 슬슬 상변의 모양 형
성에 착수한다.

좌하귀에서 흑17 이하 백22로 일단락되고, 흑23으로
걸쳤다. 흑29에 이어서 백a, 흑b, 백c, 흑d, 백e, 흑f
로 매듭짓고, 다시 백g, 흑h, 백i, 흑j로 진행하였다.

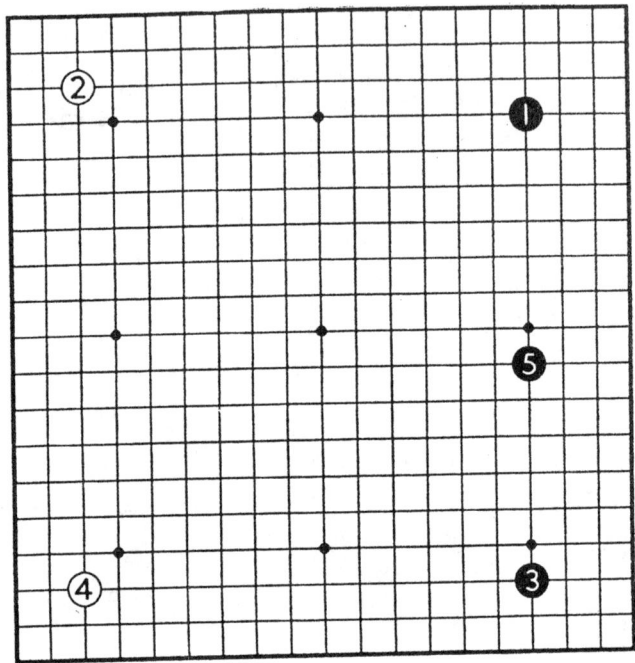

제 3 형

○제 3 형

이번에는 백의 양3·3에 대해 흑이 고중국류(高中国流, 中国流의 경우도 있을 수 있다)로 대항하여 포석을 검토해 보자.

흑1·3·5가 고중국의 포석. 백2·4가 양3·3이다.

1도(다음의 착점)

이 상황에서 상식적으로 우선 생각할 수 있는 것이 이

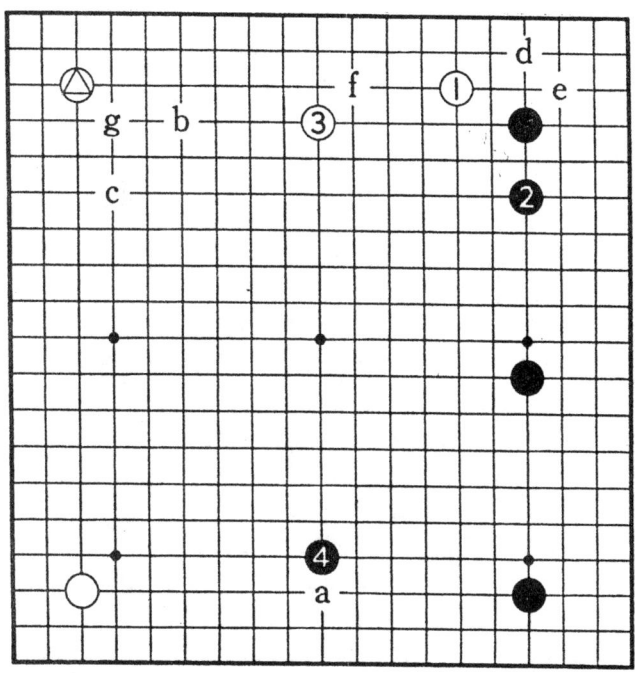

1 도

백 1 에서의 걸침과 백a의 하변의 중심점의 두군데이다.

백a라면 흑b, 백c, 흑3으로 상변에 모양 형성을 생각할 수 있다. 단 그 정석은 좌상의 ⊘가 제 3 선에 있고 1 및 f도 제 3 선으로 전반적으로 위치가 낮아질 것이 걱정이다.

흑에서 3으로 어깨를 붙이든지 g로 압박할 여지가 남아 있기 때문이다.

다음은 하변 흑4가 큰 곳.

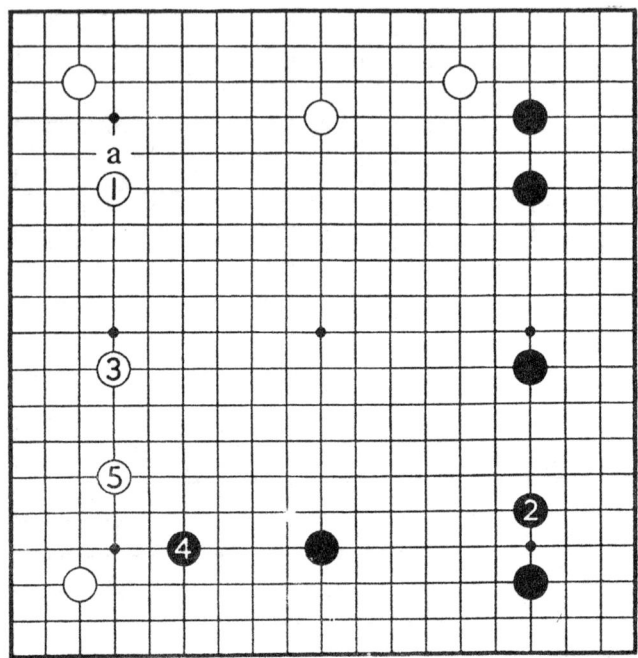

2 도

2 도(실전례)

3·3을 살리는 준비를 참고로 들었다.

백 1 의 눈목자(a의 날일자도 있다.)가 상변의 준비로서는 당당하다.

백이 중국류의 준비에 들어가지 않으므로 혹 2 는 큰 굴힘. 이하 백 5 까지 혹은 혹, 백은 백인 모양의 대립이 되었다.

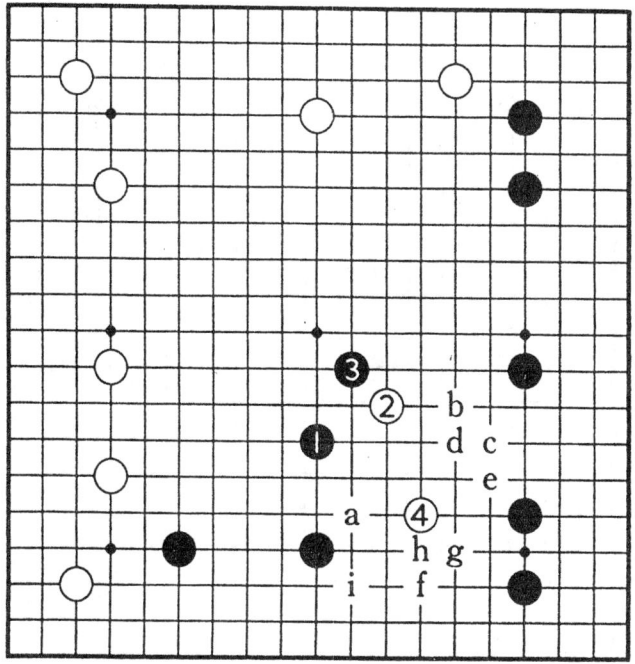

3 도

3 도(싸움)

흑 1 로 넓히고 2 로 없애려 덤빈데서부터 백 4 에 이어
서 흑a, 백b, 흑c……이하 흑i까지인 흑의 공격, 백의 견
딤의 승부가 되었다.

◇ **학습의 포인트 2**

(1) 양 3·3 은 차분히 두어 상세한 바둑으로 이끌어가
려는 백의 포석.

(2) 양 3·3 은 모두 한수로 귀를 두고 있으므로 다른
귀에서 다투는 경우가 많다.

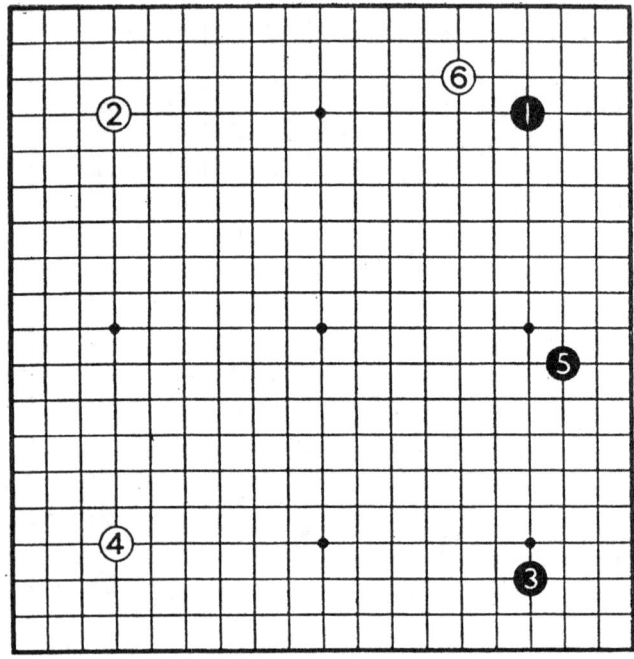

제 1 형

3. 중국류

혹 1······ 화점, 3······소목, 5······변의 화점 아래로
배치하는 포석을 중국류라 부르고 있다.

그 구조는 가끔 일중(日中) 바둑 교류에서 이러한 포석
의 방법도 있다는 것을 안 중국 바둑계에서 이 포석을 철
저하게 연구한 것이다.

한때 대유행하고, 지금까지도 많이 두고 있다.

○제 1 형

혹 1 · 3 · 5, 이것이 중국류의 준비이다.

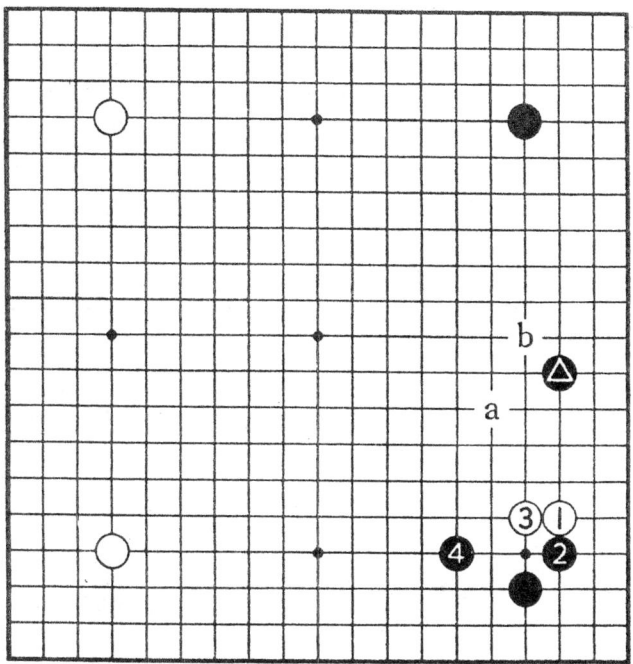

1 도

백의 대책도 여러가지로 생각되어 왔으나, 6으로 화점 쪽에서 걸쳐 가는 것이 대표적인 하나의 패턴이다.

1 도 (흑의 의중을 헤아린다)

중국류 포석의 전략은 백1로 걸쳐 오면 ●의 한 점으로 호응하여 혹2·4로 상법에 따라 백을 공격하려는 것 (다음에 백a라면 혹b). 백1은 혹a의 의중을 헤아린 것이다.

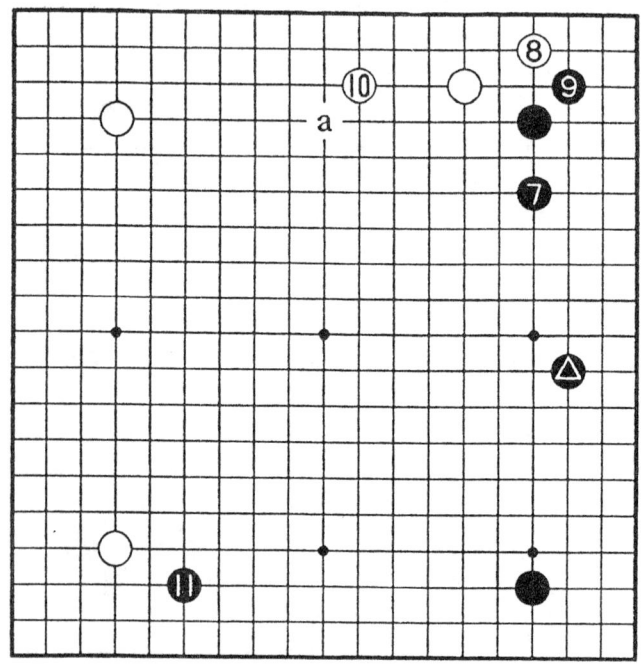

2 도

2도(모양으로 대항)

흑7로 응하는 것이 보통. 흑7과 ● 과의 사이가 좋으므로 7로 응하여 불만이 없는 것이다.

백8 이하 10까지는 기본정석. 거기서 흑은 선수를 쥐고 11의 걸침에 선착하게 된다.

도중에 백8의 달림에서 단지 a로 큰 곳을 차지하는 수도 있다.

흑은 우변에 모양을 형성하려고 하고 있으나, 이것에 대해 백은 상변에 세력권을 구축하여 중국류에 대항한다.

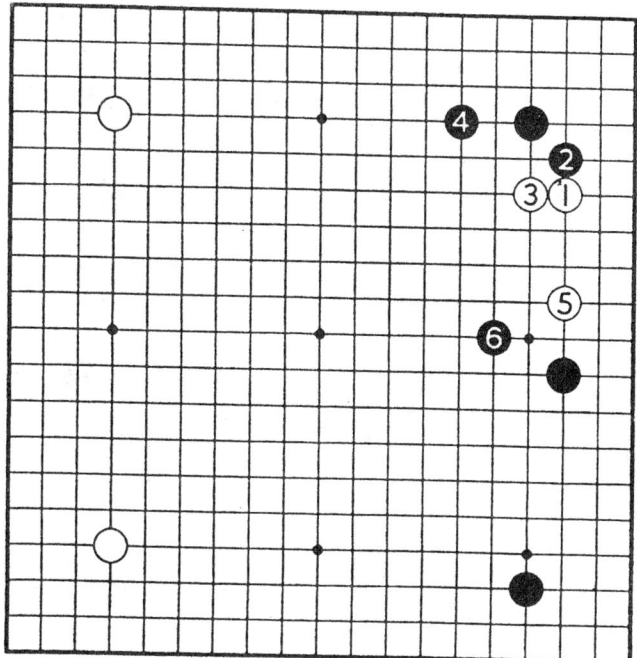

3 도

이제까지의 진행에서 특히 주의했으면 하는 것은 제1
형 백6의 걸침이 상식적이라는 점이다.

3 도(걸침이 반대)

중국류의 준비속에 갑자기 백1로 들어가는 것은 흑으
로부터의 2 이하 6이라는 공격 목표가 된다.

이것은 흔히 생각하던 바, 흑집을 망가뜨릴 작정이었으
나 반대로 공격을 받는 최악 사태를 초래하게 된다.

그런 이유로 우상귀로 몰리면 제1형 백6이 아니면 안
된다.

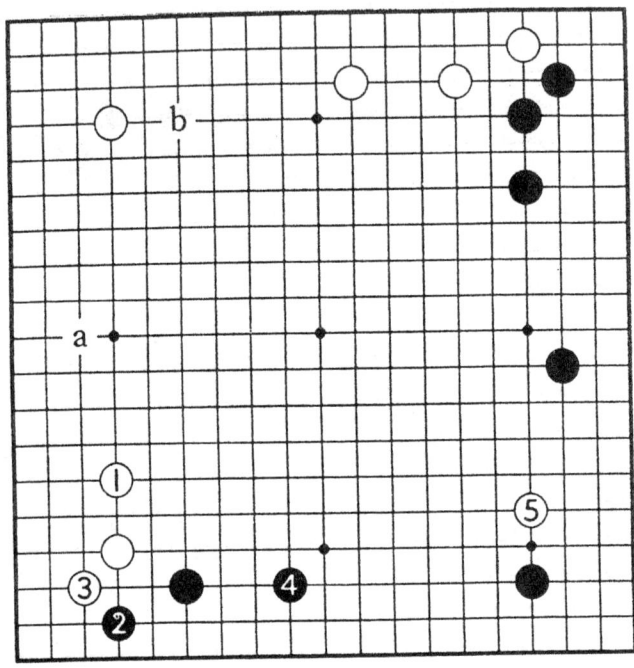

4 도

4 도(동형)

2 도에 계속되는 방법을 검토해 보자.

백 1 로 한 칸에 응하는 것이 보통.

흑은 2 로 달려 4 로 벌리고 우상귀의 백과 같은 수법을 채용해 본다.

백에게는 a의 큰 곳, 혹은 b의 한 칸의 준비 등의 호점도 있으나, 흑 5 로 우하귀를 굳히는 것이 호형이므로 백 5 로 걸쳐 간다.

이 정도의 돌의 흐름은 극히 자연스럽고 쌍방의 무리가

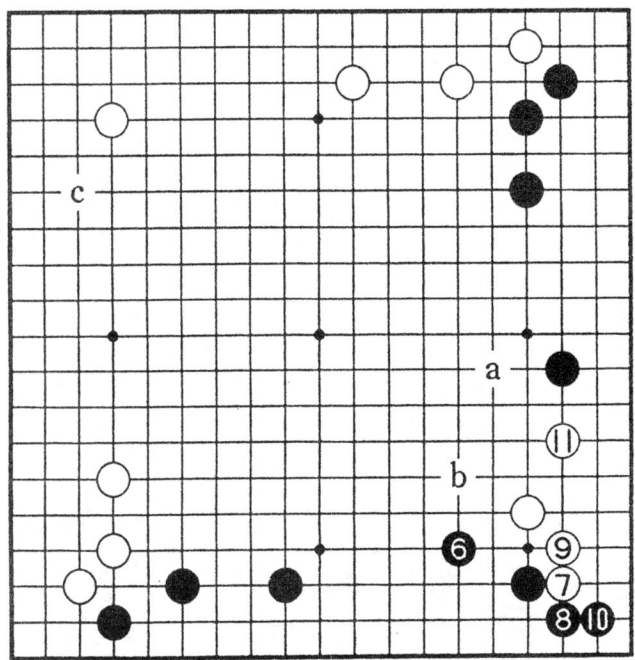

5 도

없다.

그런데 백 5 를 둘러싼 공방인데——.

5 도 (상법)

흑 6 의 날일자로 받고 백은 7 의 붙임이하 11 까지로 자리잡는 것이 상법이 되어 있다.

흑이 여기서 a로 뛰어 백을 공격하면서 상방의 모양을 넓히느냐, 아니면 흑b로 뛰어 좌측(하변)의 모양을 넓히느냐는 어려운 때인데, 바로 그렇게 매듭짓는 수, 혹은 흑 c로 걸쳐 가는 수 등을 생각할 수 있다.

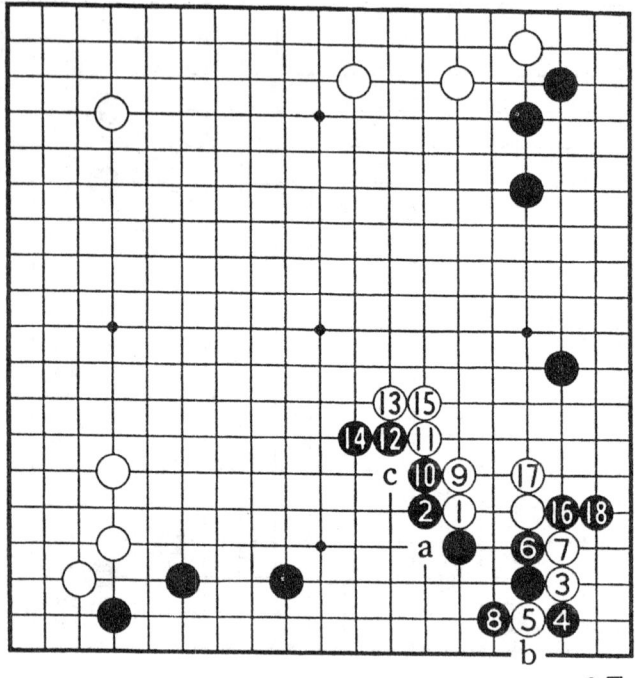

6 도

6 도 (실전례)

4 도까지와 똑같은 순서의 실전례는 몇 가지 있다. 그한 예를 들어 보자.

5 도 흑 6 에 대해 백 1 로 붙여 흑 2 로 교환하고 나서 백3·5 로 붙여 끊는 변화를 한 것이다.

이 바둑에서는 흑 18 에 이어서 백 a로 끊고 흑 b, 백 c로끊어 가는 무서운 싸움으로 돌입하였다.

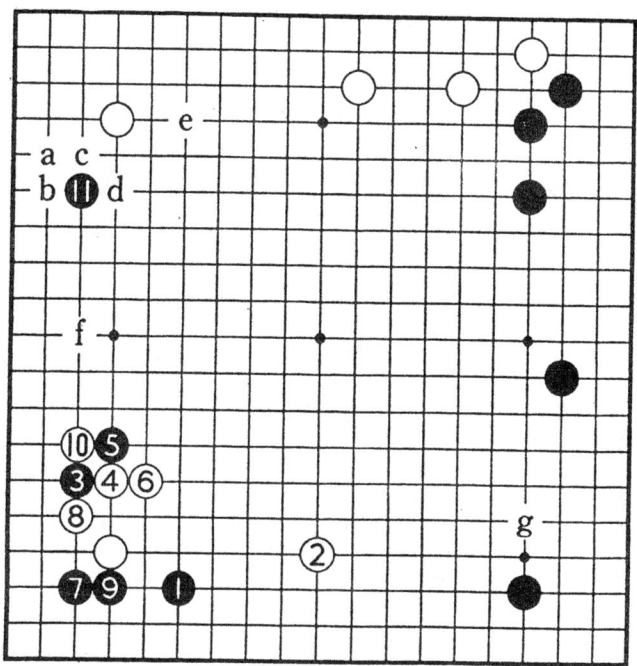

7 도 (실전례)

4 도 백 1 로 받아준다고는 단정할 수 없다.

백 2 로 협공하는 수도 성립한다.

일례를 들면 본도 백 2 이하 백 10 까지.

백 10에서 좌하귀는 일단락. 흑은 선수를 쥐고 11의 걸
침이다. 이어서 백a, 흑b, 백c, 흑d, 백e, 흑f, 그리고
백g의 걸침에 선착하였다.

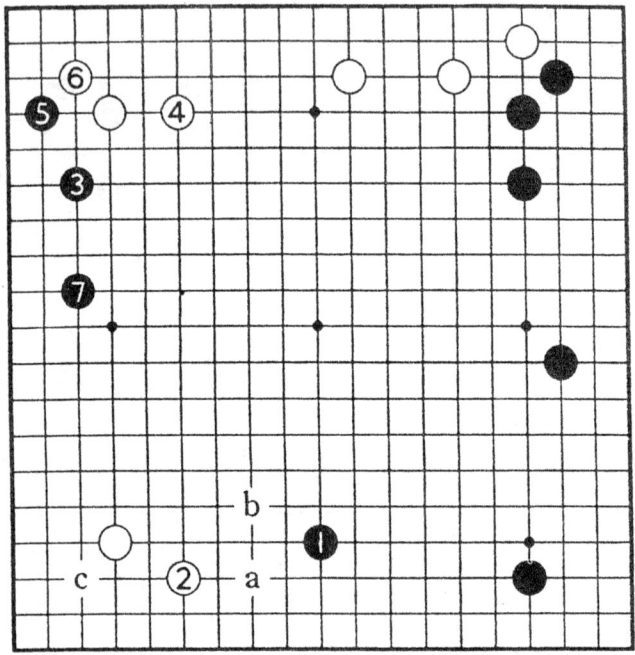

8 도

8 도(큰 곳을 차지한다)

앞의 형에서는 흑1에서 2로 걸쳤으나, 본도와 같이 단지 흑1로 큰 곳을 차지하고 있는 수도 있다.

백2의 날일자가 보통. 이것으로 백a로 꽉 메우는 것은 흑b로 뛰어 모양을 펼칠 가능성도 있고, 또 흑c로 귀로 들어갈 염려도 있어서 좋지 않다.

이후 흑이 향하는 곳은 좌상귀 3으로 걸치는 것이 보통이다. 백4로 응하면 흑5·7로 바로잡고 좌변의 백모양

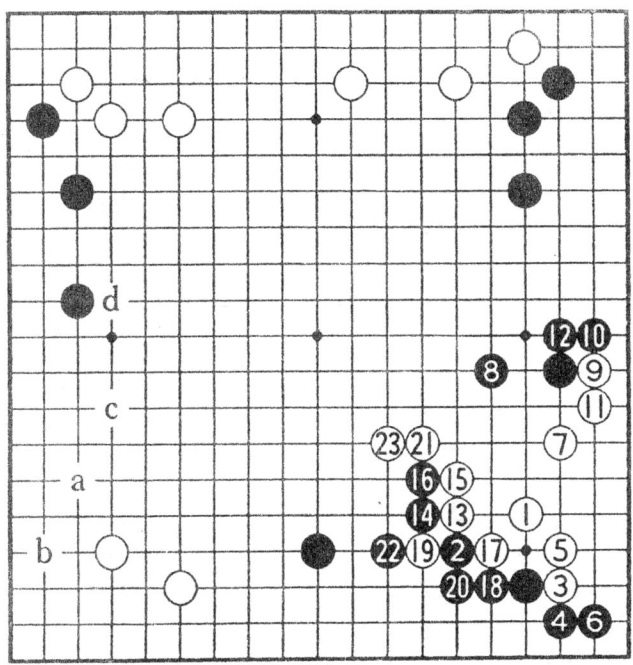

9도

을 분석한다. 이것과 같은 진행이 실전에도 자주 나타났다.

9도 (실전례)

8도에 이어서 백 1로 걸쳐 흑의 모양을 침범하지 않으면 안된다. 흑 1로라도 굳혀지면 흑모양이 크게 완성되어 침략의 찬스를 놓치고 만다.

흑 2 이하 백 23 까지이다. 그후 흑a, 백b, 흑c에 백d로 붙여 싸움에 돌입하였다.

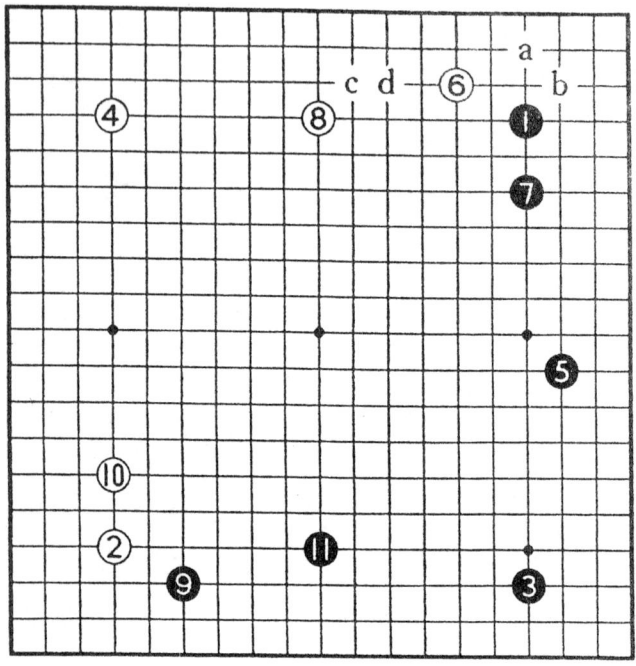

제 2 형

○제 2 형

  흑의 중국류의 준비(1·3·5)에 대해 백6으로 상방
에서 걸치는 형은 이미 전형에서 나타내었다.

  전형에서는 흑7에 대해 백a, 흑b, 백c로 매듭지었는
데, 여기서는 단지 8로 벌리고 있는 형을 들어본다.

  백8로 단지 벌리는 것은 귀를 굳히지 않고 찬스가 있
으면 백b의 3·3으로 뛰어들어 귀를 침입하려는 의도가
있다. 백에게 그러한 찬스가 있으면, 한편 흑도 a로 뛰어

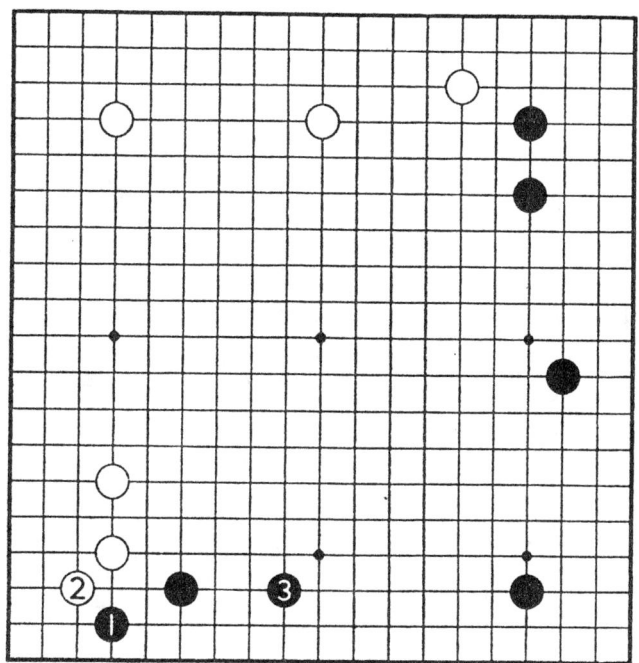

1도

혹d의 뛰어들기를 노리는 호점이 남아 있어 그 찬스를 손
에 넣는 쪽이 상변 우상귀에서 리드할 수 있다.

혹도 9, 그리고 11로 준비한다. 단 이 혹 11에서는

1도(정석)

1로 달리고 3으로 준비하는 정석을 채용할 수 있다. 이
것은 전형에서도 이야기한 것처럼 혹 자체는 굳히지만, 백
도 굳히므로 일장일단. 어느 쪽이 좋다고는 단정할 수 없
다. 요는 앞으로의 활용하기에 따른 것이다.

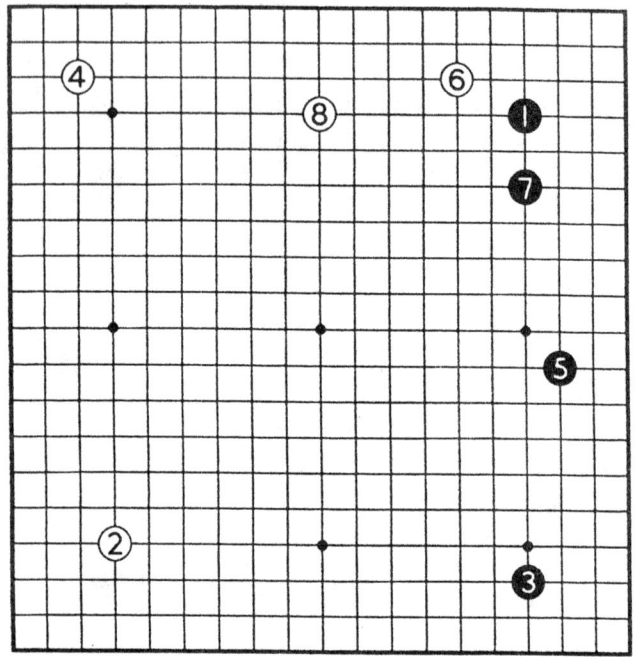

2 도

2 도(백의 준비)

혹 1·3·5에 대해 백은 2·4로 귀를 차지하는 것이
보통인데, 그것은 화점만이라고는 할 수 없다. 본도와 같
이 한쪽을 화점, 다른쪽을 3·3이라는 차지 방법도 있
다. 물론 소목을 차지하는 경우도 있을 것이다.

그러면 한쪽(백4)을 3·3에 둔 경우의 진행을 생각
해 보자.

이 상황에서도 백6·8로 준비하는 포석은 성립한다.
그럼 그후 어떠한 진행을 생각할 수 있을까.

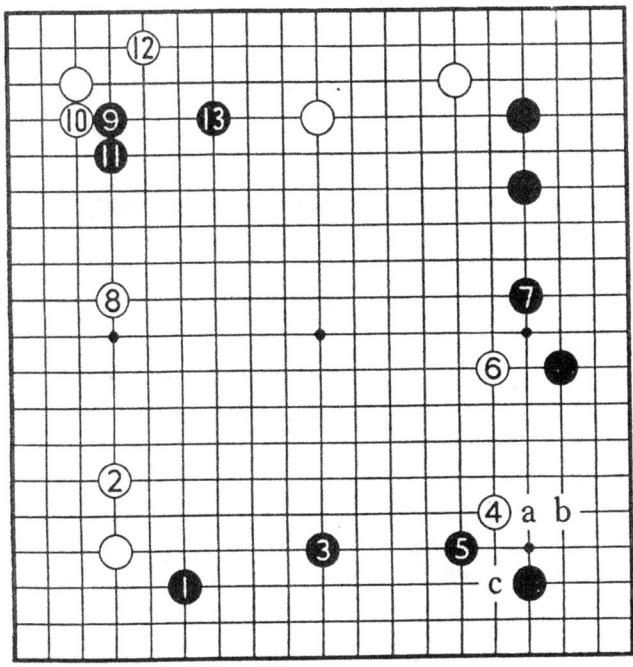

3 도

3도(실전례)

하나의 예를 들어보자.

흑1·3은 보통.

거기서 백4로 임한 드문 예가 있다. 백4에서 a로 걸치면 보통. 그것을 굳이 일로상(一路上)에 임한 것은 흑b로 받으면 백c로 붙여 수습하려는 것이다. 흑5에 백6으로 가볍게 제거하여 8로 준비하였다.

흑은 9에서 백모양을 없애는 데 착수하였다.

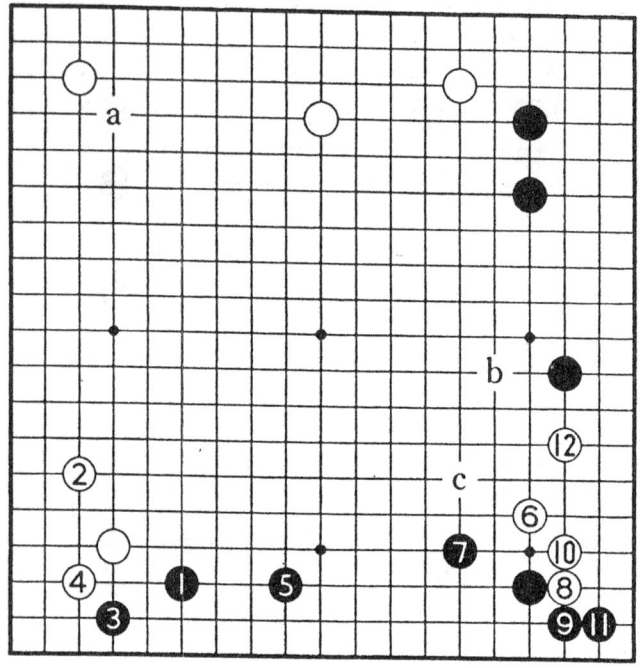

4 도

4 도(상법)

2 도에 이어 흑 1 · 3 · 5 로 정석을 채용한 상법을 들어 본다.

백도 6 으로 걸치는 것이 보통이다.

흑 7 로 날일자로 응해 백 8 이하 12 까지가 되면 적당한 분리로 볼 수 있다. 여기서 흑은 선수를 쥐고 a로 향하는 것도 생각할 수 있다.

또 우하귀 방면에서 흑b로 뛰는 수, 혹은 흑c로 뛰는 수도 생각할 수 있다.

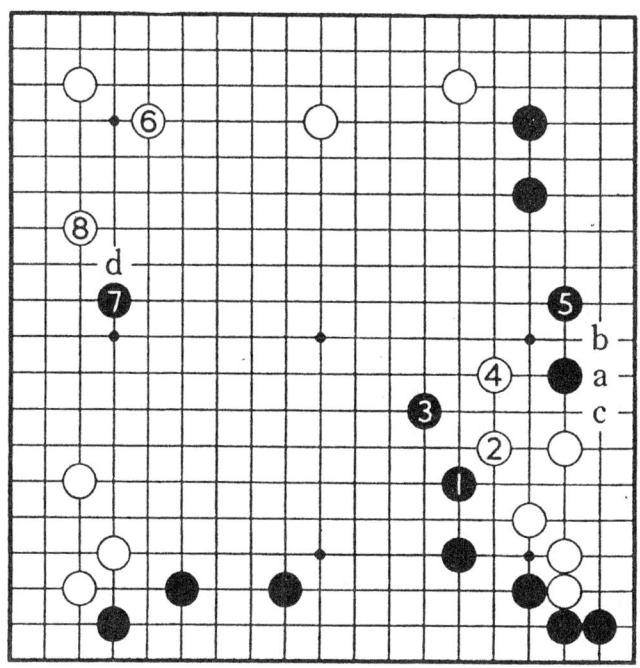

5 도

5 도 (실전례)

흑 1 로 뛴 예이다.

이때는 흑 1 이하 5 까지 매듭지어 갔다. 흑 1 에서 4
로 뛰는 것은 백a, 흑b, 백c로 매듭지어 약간 헤프다고
보았을 것이다.

또한 흑 7 에서는 'd까지 가야 했다' 는 생각도 할 수 있
다.

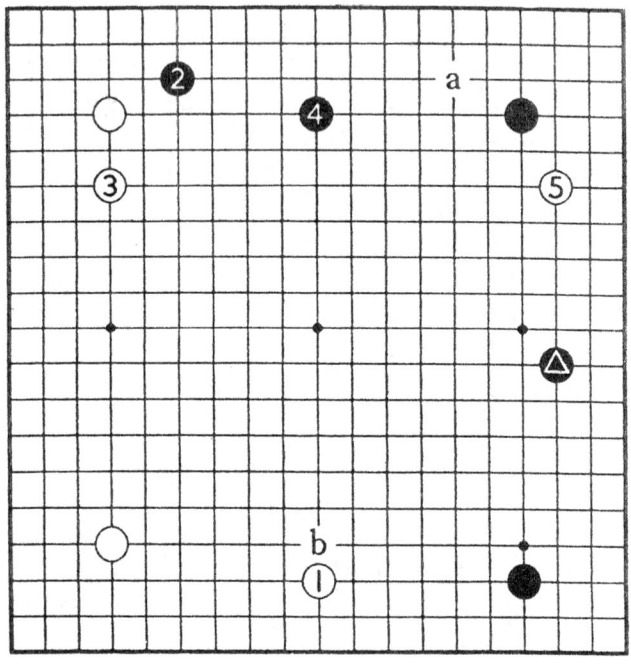

제 3 형

○제 3 형

우변에서의 혹의 중국류, 좌변에서의 백의 2연성인 포석은 앞에 나타낸 형이다.

여기에서 백a의 걸침으로 향하지 않고 하변에서 1로 큰곳을 차지하고 있는 것도 유력하다. 혹이 하변 b를 차지하는 것이 절호이므로 그것을 방해하는 의미에서, 또 백의모양을 형성하는 의미에서도 호점인 것은 당연하다.

백이 하변을 차지하면 혹은 2·4로 상변에 전개하는것이 당연한 결과.

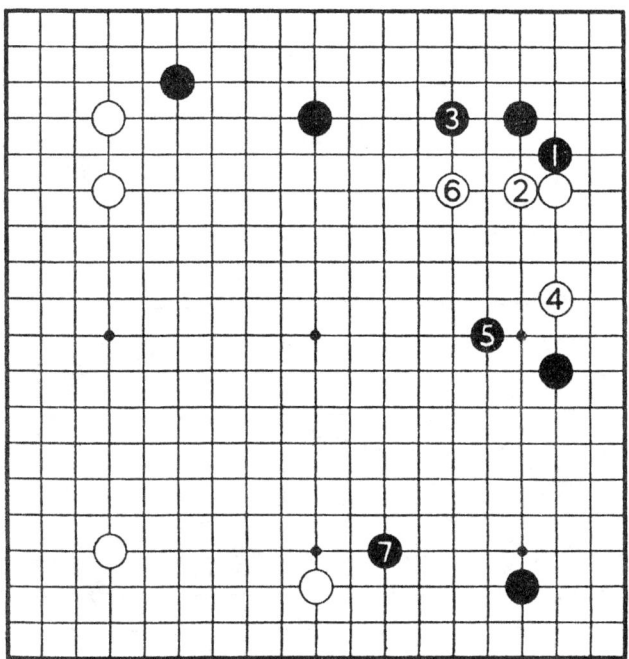

1 도

여기서 백 5 로 걸치느냐, a로 걸치느냐의 문제인데, 우
상귀의 화점과 4, 및 화점과 ●과의 간격이 넓은 쪽으로
들어가는 것이 기리(棋理)로 되어 있다. 여기서는 화점과
● 쪽이 넓으므로 백은 5 로 걸친다.

1 도 (실전례)

상형과 같은 진행은 실전에 자주 생긴다.

흑 1 · 3 은 공격의 형. 그리고 흑 7 까지로 진행된 예는
제 5 기 기성전의 도전자 결정전 3번 승부 제 2 국【대 조
치훈 명인 (흑)】에서 있었다.

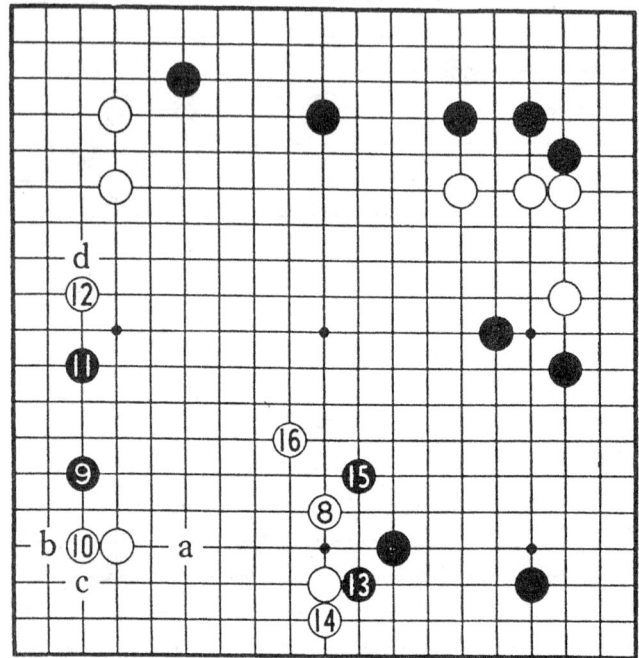

2 도

2 도 (모양내의 공방)

우하에 흑모양이 만들어졌다고 해도 아직 굳혀진 것이 아니며 서둘러 들어갈 때는 아니다.

백은 8 로 뛰어 모양을 넓힌다.

흑은 그 모양 삭감으로 9 로 걸치고 11 로 준비하였다.

이 경우 백 10 의 늘어섬이 가장 엄한 방법이 된다. 이것으로 백a 등으로 받으면 흑b, 백c 흑11로 준비하여 허술하다.

백 12 도 빠뜨릴 수 없는 호점. 생략하여 흑d로 벌리게 되면 갑자기 좌상의 한 칸의 백이 얇아지고 만다.

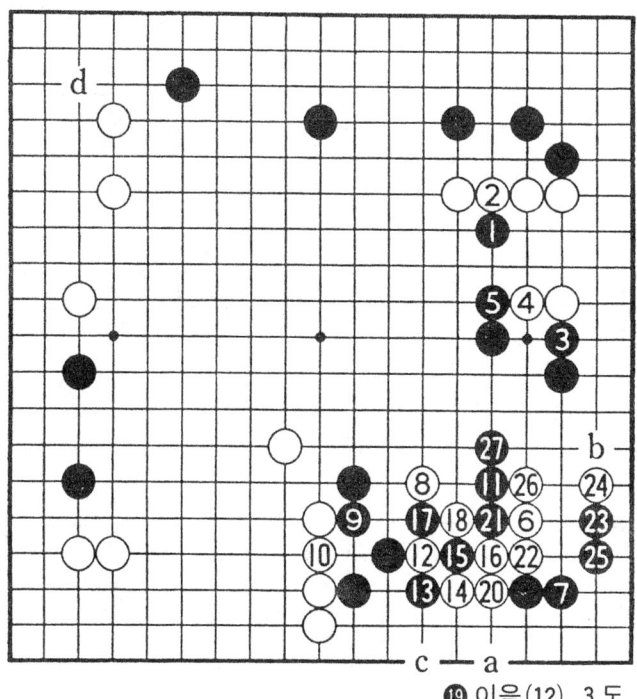

여기서 흑은 13·15로 모양을 넓힌다.

3 도 (중반전)

흑 1의 엿봄에서 3·5로 모양을 결정지어 왔다.

여기까지 굳혀지면 백도 6으로 들어갈 찬스. 흑 7 이하 흑 27까지로 흑모양내에서의 공방이 계속되었다. 그 후 백a, 흑b, 백c로 이동하고, 흑d로 좌상으로 전개하게 되었다.

이상과 같이 모양내로 들어가는 타이밍을 잡는 것도 중요하다.

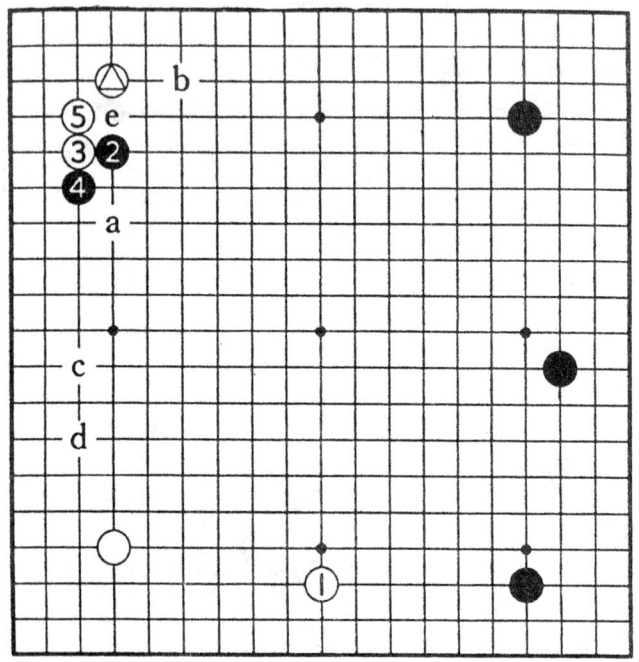

4 도

4 도(백이 소목인 경우)

좌상귀의 ⊘가 소목이면 큰 곳의 선택도 달라진다.

백 1은 제 3 형과 똑같이 큰 곳.

이 1에서 2나 3으로 굳히는 수도 있다. 흑이 하변의 큰 곳을 차지하면 백은 상변의 큰 곳을 차지하려는 전개가 될 것이다.

백 1에 대해서는 당연하지만, 흑 2의 걸침이 최대. 백 3 · 5로 붙여당기면 흑은 a로 걸쳐 잇고, 백b, 흑c, 백d가 예상된다.

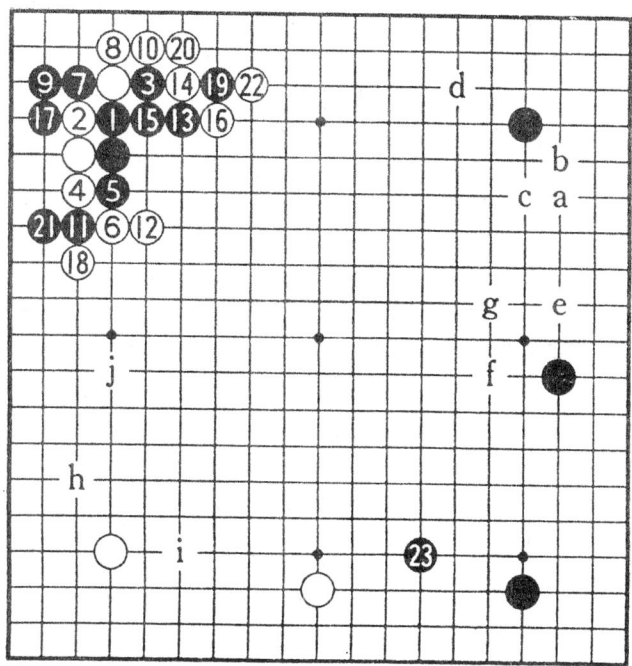

5 도

그럼 여기서 흑e로 들이닥친 실전례가 있으므로 들어
둔다..

5 도(실전례)

흑1로 들이닥침, 백2 이하 22까지는 정석.

흑은 선수를 쥐고 23의 호점에 선착하였다. 23의 준비
는 중국류의 포석에서는 자주 볼 수 있는 수이다.

실전에서는 이후 백a로 걸치고 흑b, 백c…… 이하 흑j
까지가 되었다.

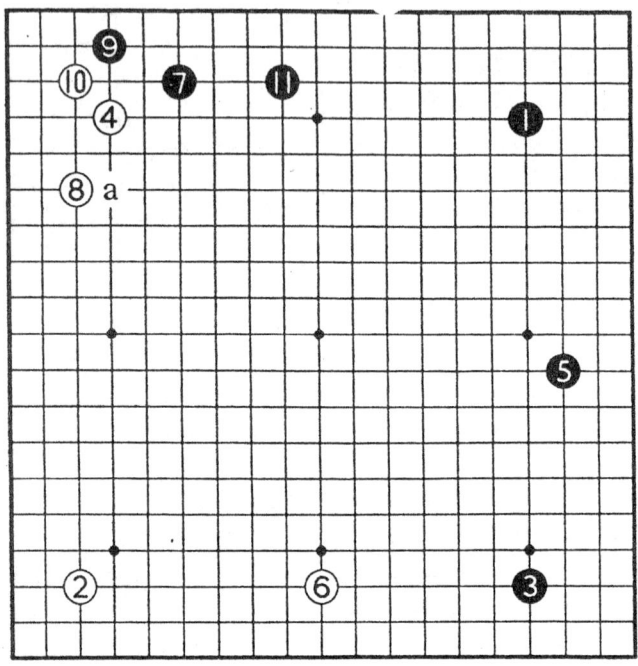

6 도

6 도 (3 · 3 의 경우)

좌하의 백 2 가 3 · 3 인 경우라도 백 6 으로 하변의 큰 곳을 차지하는 수는 생각할 수 있다.

그 경우, 좌상의 백 4 가 화점이므로 흑 7 에서 걸치는 것이 보통이다.

백 8 에서는 a로 한 칸에 받는 수도 있으나, 집에 인색하게 8 로 날일자로 받으면 흑은 9 · 11 로 정석에 따른다.

이상과 같이 백돌의 배치가 화점이나 3 · 3, 혹은 소목이냐에 따라 흑의 포석도 바뀌어 왔다.

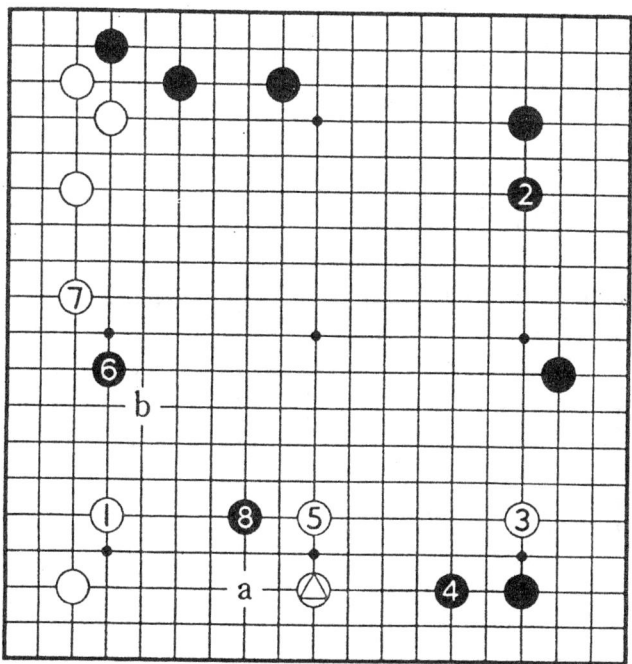

7 도

7 도 (실전례)

좌하귀가 3·3인 경우◎의 벌림을 살리려면 1의 준
비가 호점이다.

흑도 2의 한 칸이 호점. 그런 이유로 쌍방의 모양 형
성에 힘쓰는 것도 한 방법이다.

그후 백 3의 걸침에 이하 흑 8 까지로 진행되었다. 이후
백 a는 산다——고 본 백이 b로 반발하여 격렬한 싸움으
로 돌입하였다.

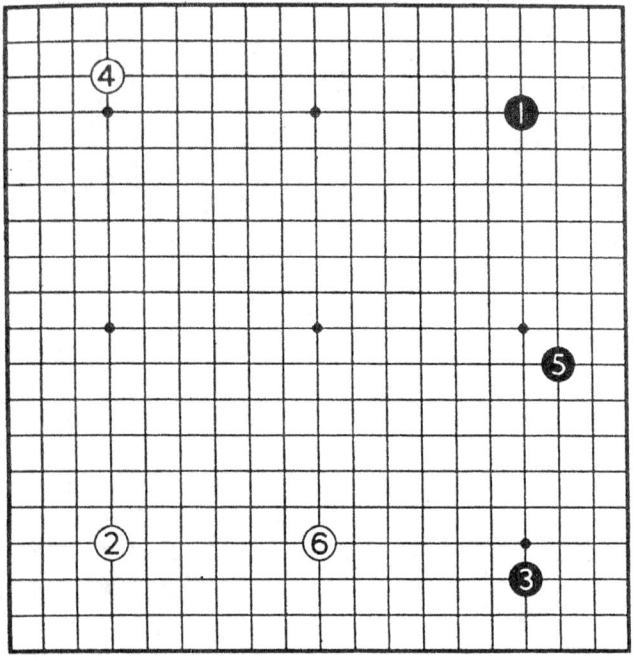

제 4 형

○제 4 형

혹의 중국류에 대해 그 의표를 찌르는 전법으로서 모양
으로 대항하는 방법이 있다.

혹1·3·5는 중국류. 백은 2·4로 한 쪽을 화점,
다른 쪽을 소목으로 두고 있다. 여기서 백6의 큰 곳을 차
지한 것이다.

필자는 상대가 중국류로 나온 경우 자주 이 전법을 이
용한다.

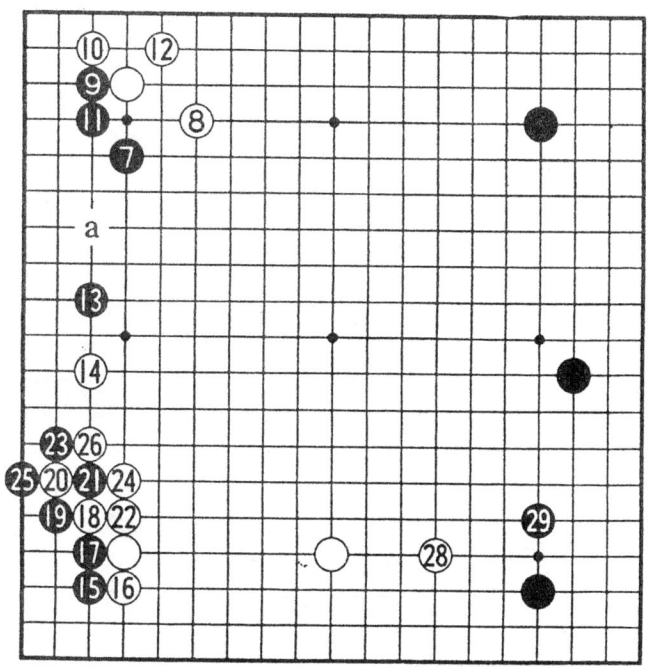

㉗ 이음(20)　　1도

1도(실전례)

흑7의 길침은 당연하지만 가장 급하다.

백8로 응하고, 이하 흑13까지는 정석이나 여기서 백 14의 메움이 a의 뛰어들기를 노려 아주 좋은 호점이다.

여기서 흑은 15의 3·3 들어가기를 서둘러 왔다. 백16 으로 굳혀지는 것을 피한 것일 것이다.

백16 이하 흑27까지 정석.

여기서 백28로 메우고, 흑29로 굳히게 한 것이다. 이 것이 백의 대(対) 중국류 전법이다.

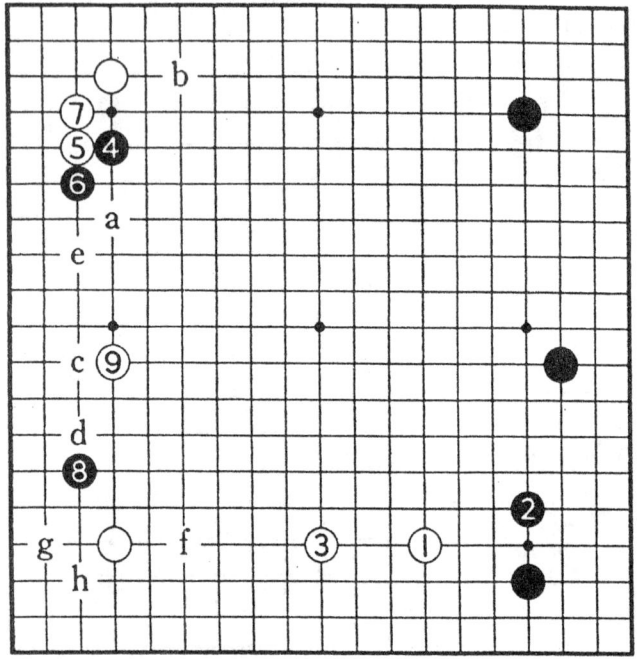

2 도

2 도(굳히게 한다)

중국류의 준비에 대해 느닷없이 백 1 에서 가는 수도 있다. 일부러 흑 2 로 굳히게 하여 백 3 으로 준비한다.

이렇게 되면 흑 4 의 걸침은 최대.

백 5 · 7 의 붙여당김에 이어 흑a, 백b, 흑c가 정석인데, 백d의 메움이 하변의 모양을 넓혀 e의 뛰어들기를 보고 절호가 된다. 흑은 그것을 피하여 8 로 걸친 것은 프로라면 흔히 두는 방법이다.

백 9 가 엄하다. 이것으로 백 f 라면 흑 g, 백 h, 흑 c가 이상적인 준비가 된다.

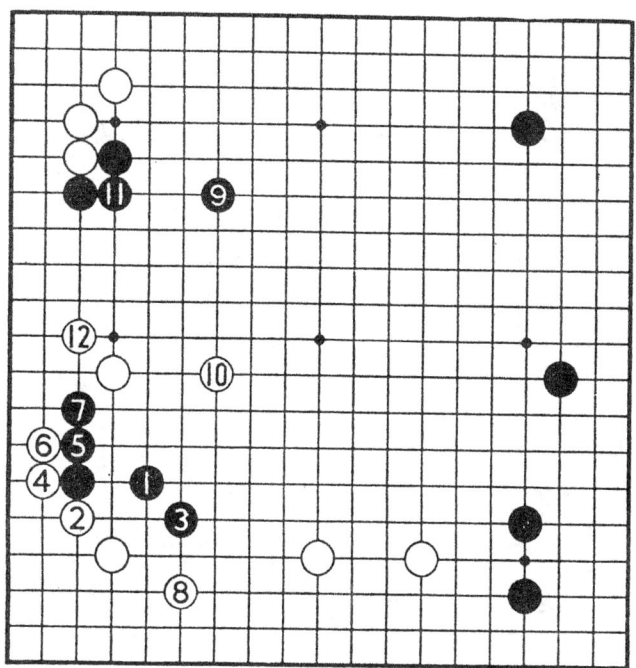

3 도

3 도 (실전례)

흑 1 이하 백 12 까지는 제 7 기 명인전에서 필자(흑) 가
林海峯 9 단과 두었을 때 생긴 것이다.

4 도 (경과)

계속해서 백이 주목하는 것은 우상귀.

백 1 로 걸치느냐, 백 11 로 걸치느냐 어느 쪽이다. 여기
서 상변의 돌의 배치를 보면 좌상귀에 백의 강한 돌이 있
다. 그렇다고 하면 백 11 로 걸쳐 상변을 에워싸는 것은 기

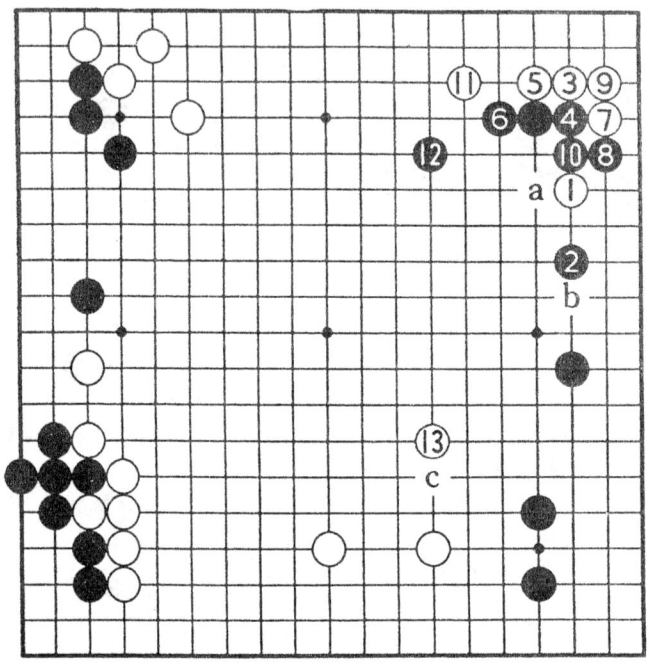

4 도

리(棋理)에 어긋난다. '세력을 에워싸지 말라.'

따라서 백 1 에서 걸치는 것이 자연스럽다.

흑 2 에서 10 으로 마늘모 붙임, 백 a의 끊음에 흑 11 로 두는 수도 생각할 수 있으나 이것은 백 b로 벌리게 되어 괴롭다——고 보았을 것이다. 2 로 협공해 왔다.

이렇게 되면 백 3 · 3 들어가기 이하 백 11 까지는 정석. 흑은 12 로 우변에 상당히 모양을 형성하였다.

백 13. 이것은 흑백 쌍방에게 있어서의 쟁점이다. 백으로서는 c의 점을 흑에게 허용할 수 없다. 또한——

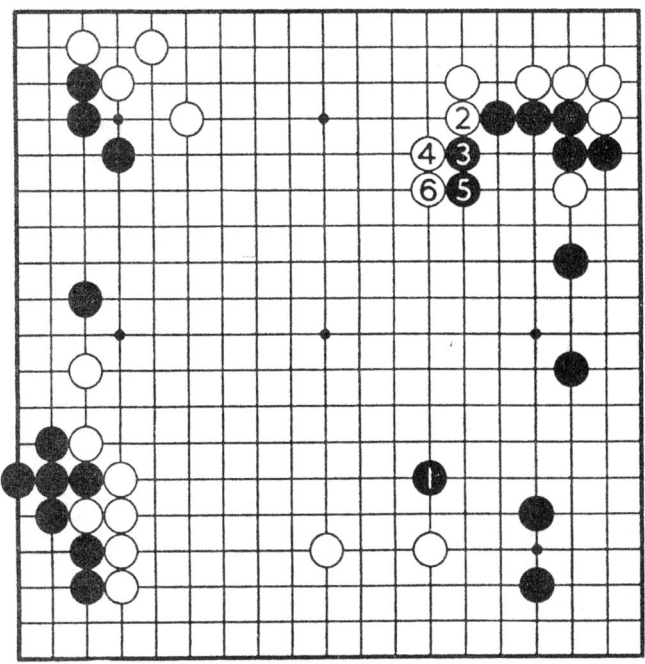

5 도

5 도(균형)

4 도 흑 12 에서 1 로 두면 백 2 이하 6 으로 상변의 모
양을 넓힐 수 있다. 즉 4 도 흑 12 와 동도 백 13 은 균형
이 된다.

◇ 학습의 포인트 3

(1) 중국류의 준비를 이용하여 모양 형성을 노린다.

(2) 상대가 가르고 들어오면 공격하여 우위에 선다.

(3) 중국류 대책으로서는 서둘러 안으로 들어가지 않는
것이 간요(肝要).

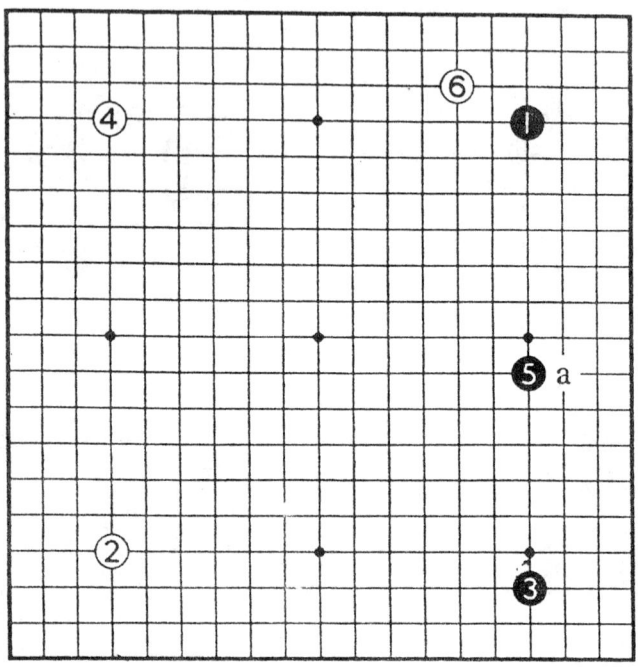

제1형

4. 고중국류(高中国流)

고중국류는 중국류에서 발전하여, 우리나라 바둑계에서 연구되어 많은 기사들이 두게 된 포석이다.

중국류의 변(화점의 아래)의 돌을 한길 높이한 것이 특징이다.

○제1형

흑1·3은 화점, 소목으로 중국류와 똑같은 평행형의 준비이다.

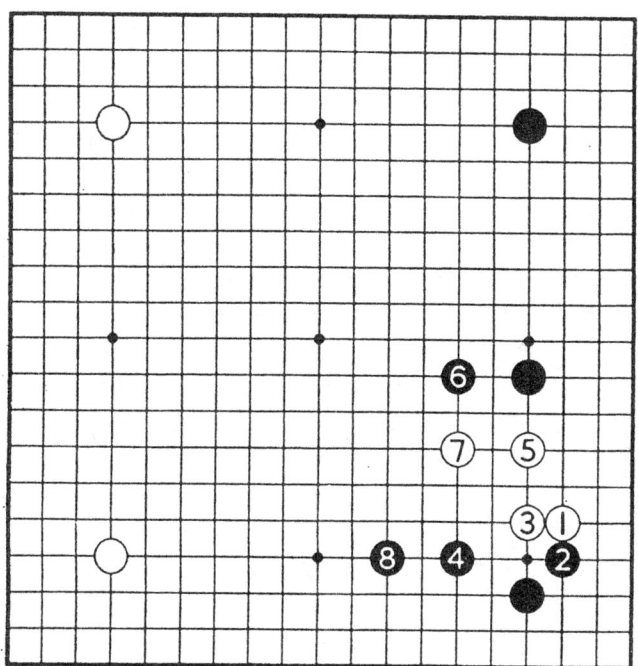

1도

여기서 흑5로 높이 준비하는 것이 소위 고중국류. 그
5에서 a로 낮게 준비하면 중국류이다.

여기에 대해 백은 여러가지 두는 방법이 있으나, 6에서
걸쳐 가는 것을 가장 많이 두고 있다.

1도(흑의 의도)

흑이 의도하는 바는 중국류와 같이 백1로 걸쳐 오면 흑
2·4의 상형(常形)으로 백을 공격하려는 것이다.

백7까지는 예상대로이나 백이 약간 답답하다.

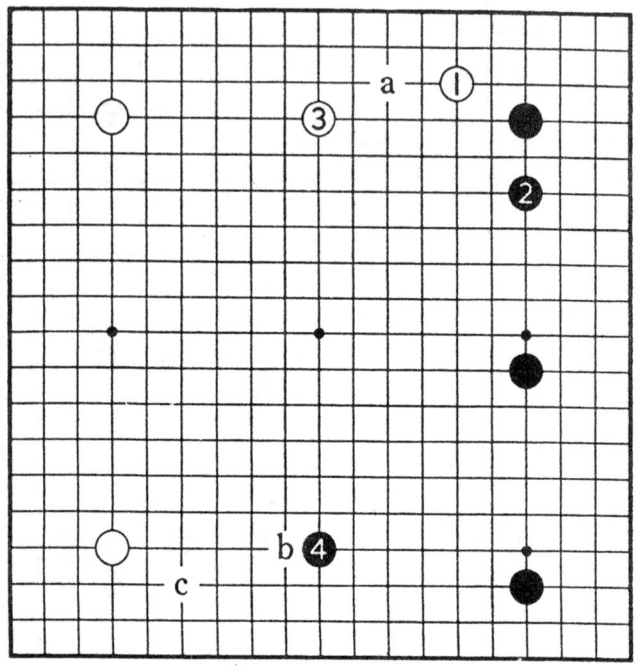

2 도

2 도(화점으로의 걸침)

백 1 의 걸침에서 시작해 보자.

보통 흑 2 로 응하여 우변의 고중국류의 준비를 소중히 할 때.

그렇다고는 하나 이 2 에서 흑a로 협공하거나 3 에서 협공한 예는 있다.

백 3 의 화점으로 준비하여 상변은 일단락 된다.

다음은 흑의 차례, 당연히 하변에 눈이 간다. 흑 4 는 절호의 큰 곳. 단, 이 4 에서 한길 좌인 b로 붙이는 수도 있

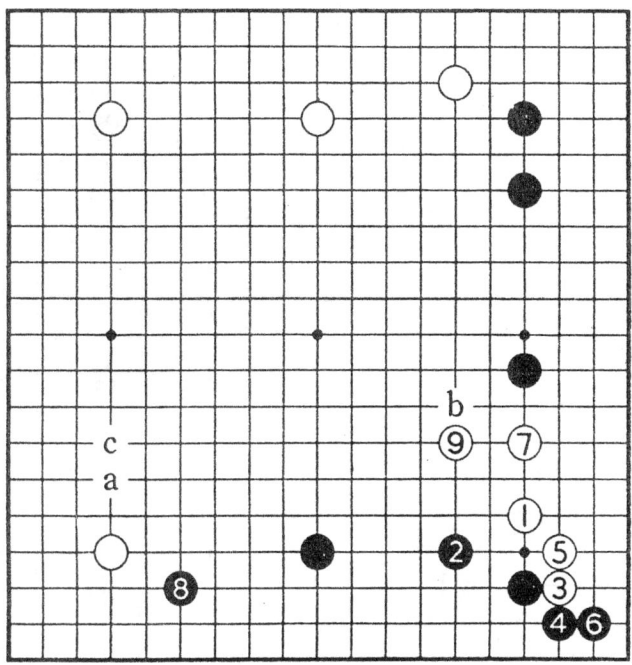

3 도

으며, 또 흑c로 걸치는 수도 있다. 이와 같이 큰 곳에 두어 혹은 우변에서 하변에 걸친 모양을 소중히 한다.

3 도 (실전례)

제13기 명인전 리그에서 필자는 백1로 들어갔다. 대전 상대(흑)는 藤沢秀行 9단이었다.

흑2로 날일자로 응하고, 백3 이하 7까지는 가장 평범한 응접(応接)이다.

여기서 흑8의 걸침에 백9로 뛰었는데, 백a로 받으면 혹b로 감싸올 것이 싫었다. 계속해서 흑c인 진행.

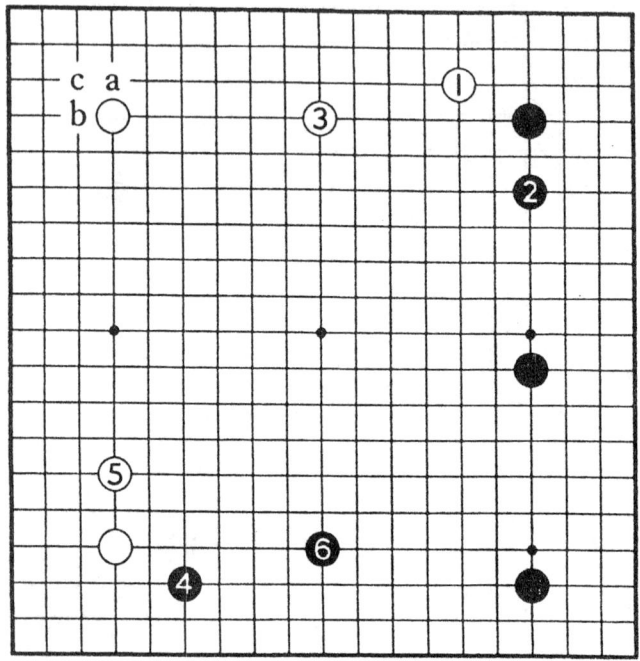

4 도

4 도 (동형)

좌상의 백, 좌하의 백의 배치에 따라 앞으로의 포석 작전은 바뀌게 된다.

예를 들면, 좌상의 백이 a나 b의 소목에 있으면 굳힘을 먼저 하는 딴 방법(別法)을 취할지도 모른다.

단 c의 3·3이면 화점의 경우와 같이 백 1·3으로 준비하는 방법이 있을 것이다.

【주(注) 백a의 소목의 경우, 백 1·3으로 준비하는 小林光一流 포석도 있다】

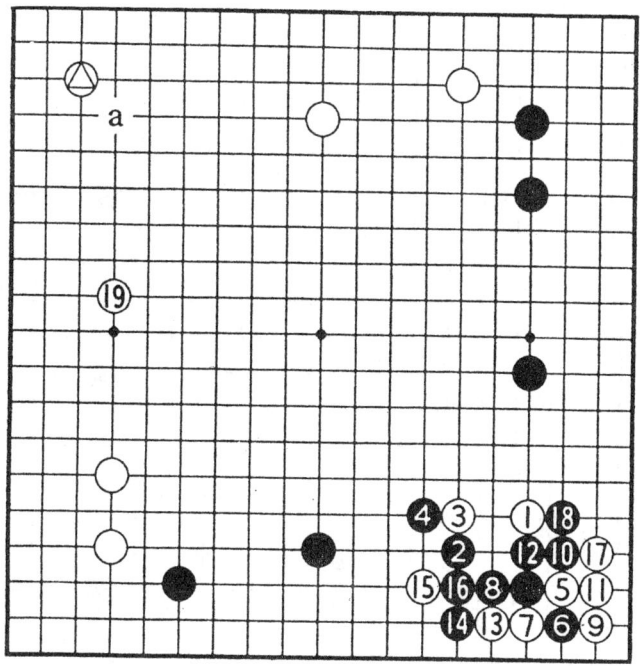

5 도

5 도 (실전례)

좌상귀의 ◬가 3·3에 있다는 점이 4도와 다르나,
다른 것은 똑같은 포석으로 백 1로 걸친 실전례가 있다.

이 바둑에서는 흑 2로 응해 백 3 이하 흑 18까지로 변화
하는 정석을 받아들였다.

백의 실리, 흑의 세력으로 호각이라 볼 수 있다.

백은 선수를 쥐고 19로 준비하고, 흑은 a로 어깨에서
부터 모양을 없애는데 착수하였다.

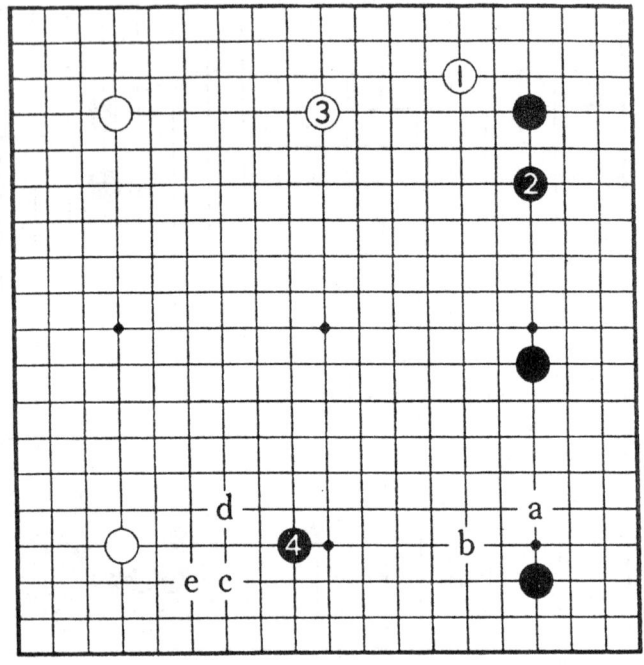

6 도

6 도 (한길 넓게)

백 1 · 3 까지는 똑같다.

여기서 흑 4 로 한길 넓게 벌리고 있는 것도 있다. 이것은 백이 a로 걸쳐 왔을 때 흑b로 응하는, 그 b와 4 와의 간격이 좋다.

또 백c의 눈목자로 받았을 때 흑d로 씌우는 것이 순조롭다. 따라서 흑 4 에 백이 좌하를 둔다고 하면 e의 날일자가 보통이다.

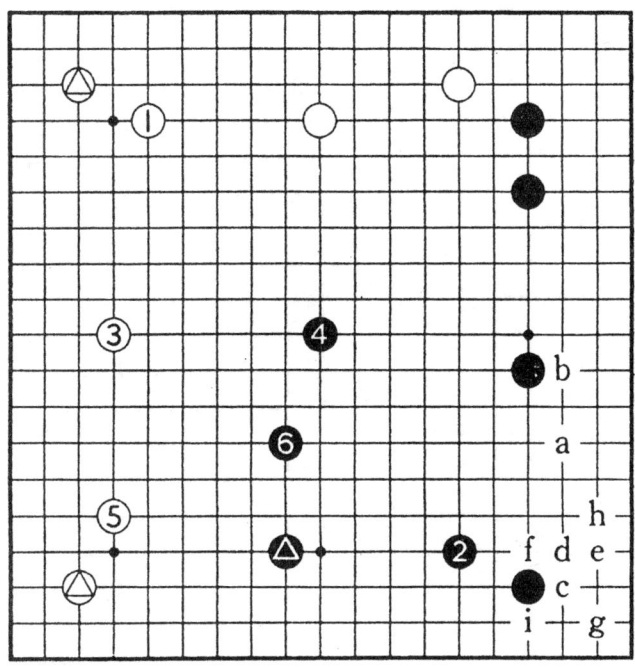

7도

7도 (실전례)

백이 상하의 귀에서 △가 동시에 3·3에 두고 있는 점이 6도와 다르다.

흑이 ●로 화점에서 한길 넓게 벌리고, 계속해서 백1로 날일자로 준비하면서 각각 흑6까지 큰 곳을 차지한다. 흑6으로 둘러쌓이자 백a로 들어가고, 이하 부호순으로 흑b, 백c, 흑d, 백e, 흑f, 백g, 흑h, 백i로 변화하였다.

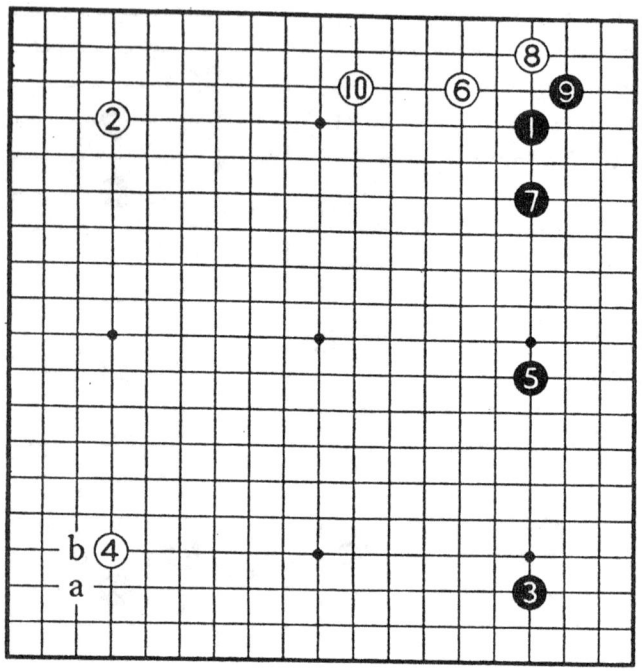

제 2 형

○제 2 형

백 6 의 걸침에 혹 7 로 받는 것은 전형(前型)과 같다.

여기서 백 8 의 달림을 두고 혹 9 로 교환하고 나서 10으로 준비하는 포석으로 들어간다.

제 1 형과 큰 차이는 본형쪽이 혹도, 백도 모두 굳혀진다는 점이다.

또한 본형의 경우는 좌하귀의 백 4 의 위치가 a의 3ㆍ3 이나 b의 소목이어도 상관없다.

상변이 일단락된 곳에서,

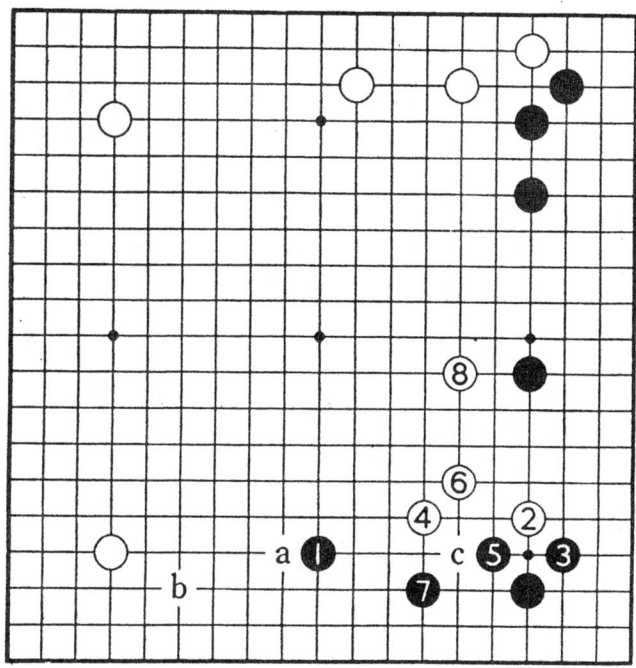

1 도

1上(미니二노 양안니,

하변 흑1로 큰 곳으로 향하는 것은 당연하다.

그 1에서는 a로 한길 넓게 벌릴 수도 있으며, 또 b로 걸치는 수도 있다. 어느 것을 채용하느냐는 여러분 자신의 취향이다.

흑1로 준비했더라도 백2로 걸치는 것도 타이밍이 잘 맞는 수가 된다.

흑3은 백에게 근거를 주지 않는다――는 극히 엄한 수법. 백4로 가볍게 뛰고 흑5 이하 백8까지는 상형이 되고 있다. 단 흑3에서는 c도 있다.

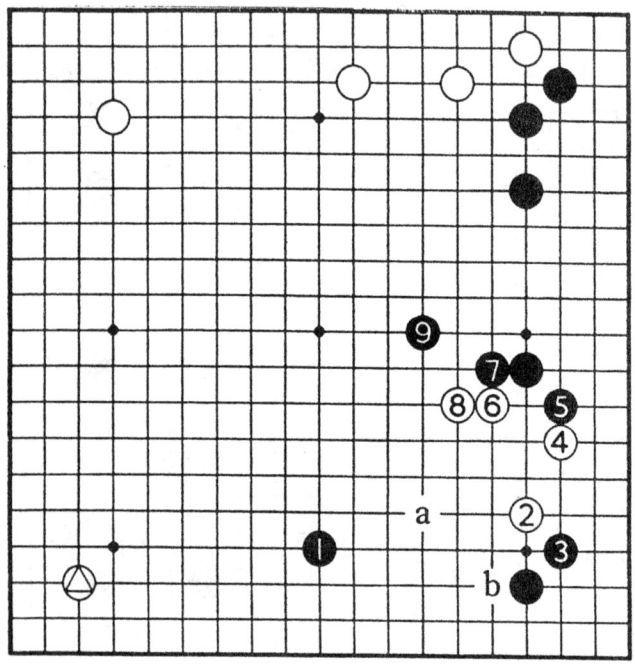

2 도

2 도 (실전례)

1 도와 비슷한 예를 들어 본다.

이 바둑에서는 백은 좌하귀에서 ⊿의 3 · 3 에 두고 있다.

백 2 의 걸침에 흑 3 으로 마늘모로 백을 공격했다.

여기서 백은 a로 뛰지 않고 4 로 날일자를 했다. 백 6 · 8 로 위로 향하면서 실은 백b의 붙임의 찬스를 살피고 있는 것이다.

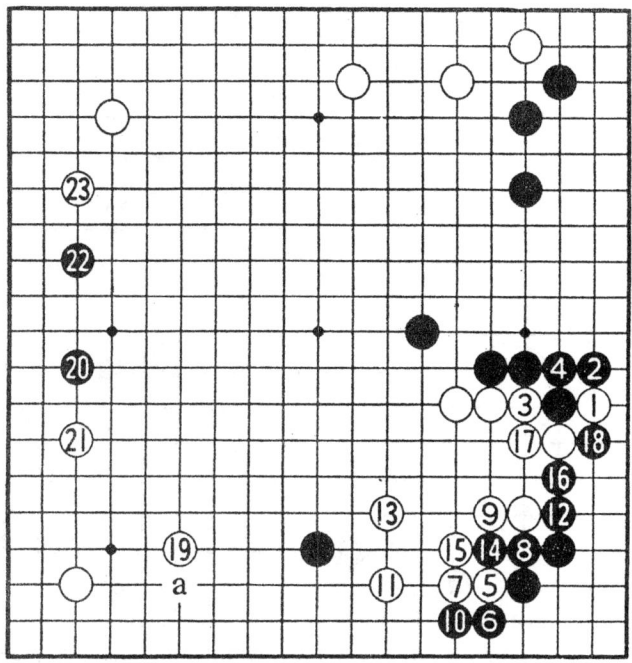

3 도

3 도(백 세력)

백은 1 · 3을 이용하여 벌써부터 노리고 있는 5의 붙임으로 움직였다.

흑6 이하 쌍방 최선을 다해 경쟁.

흑18까지 흑은 실리(상방에서 하방에 걸쳐 약 50집)를 얻고, 백은 세력으로 대항하였다.

흑의 실리는 적지 않으나 약간 한쪽으로 치우친 경향도 있으므로 도중에 흑12에서 a로 벌릴 수도 있었을 것이다. 백23까지 승부는 이제부터이다.

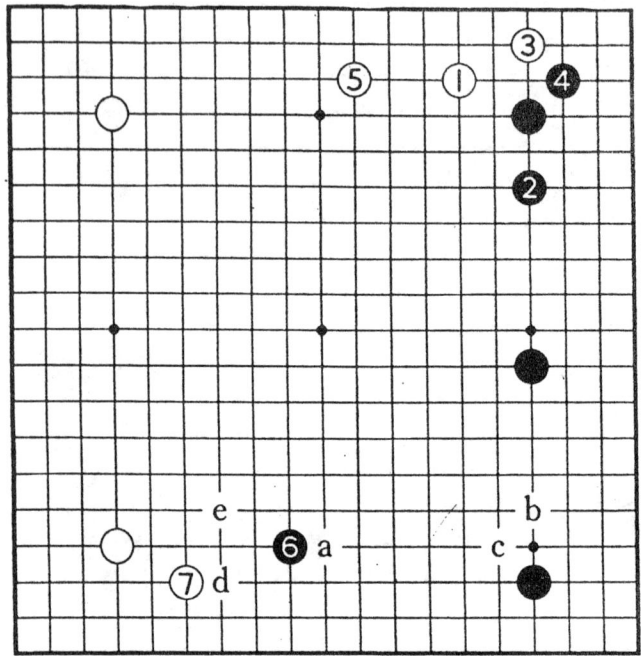

4 도

4 도 (한길 넓게)

백 5 까지는 같은 수법.

1 도에서는 흑a로 화점을 차지하였으나 이와 같이 6 으로 한길 넓게 벌리는 것도 유력하다.

다음에 흑b로 굳히는, 혹은 흑c로 마늘모로 붙이는 수 (고중국류의 경우, 이와 같이 마늘모로 붙이는 것도 상당한 수)를 노리고 있다.

백 7 은 앞에서도 말했지만, 이것으로 d까지 벌리면 흑e의 씌움이 상당한 호점이 된다. 그것을 피하여 7 로 준비한다.

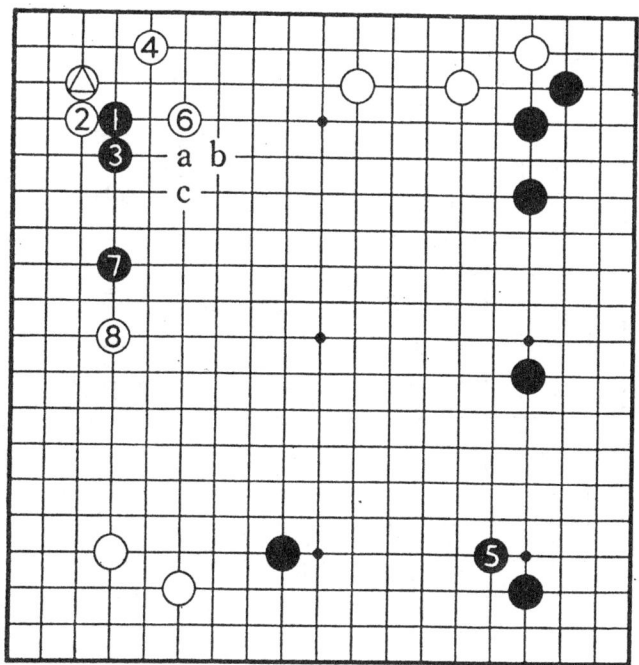

5 도

이것과 비슷한 실전례를 나타내 보자.

5 도 (실전례)

이 바둑은 제 2 기 명인전 리그의 加藤正夫 10단 (당시 본인방) 대 林海峯 9 단 (현 본인방, 백)과의 대국에서 나타난 것이다.

좌상귀의 ⓐ가 3·3 인 것 외에는 4 도와 똑같다.

加藤 10단은 바로 흑 1 로 어깨를 붙여 모양을 없애려하였다. 흑 5 로 손을 뺐으므로 백은 6 에서 8 로 공격하였다. 이어서 흑a, 백b, 흑c로 진행하였다.

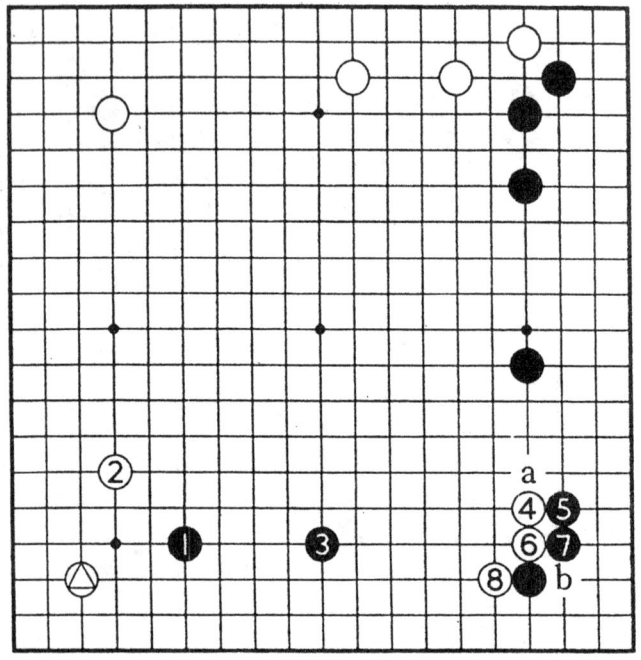

6 도

6 도 (실전례)

좌하귀의 ⊘ 가 3·3을 차지하고 있는 경우, 흑1로써 끌고 가 3으로 큰 곳을 차지하는 방법도 있다.

여기까지 오면 백은 흑모양을 없애려 하는 것이 상식. 백4 이외에도 여러가지 있으나, 이 4가 가장 평범하다.

흑5의 붙임에 백6·8로 들이닥치고 흑은 a로 젖혀 어려운 싸움에 돌입하였다.

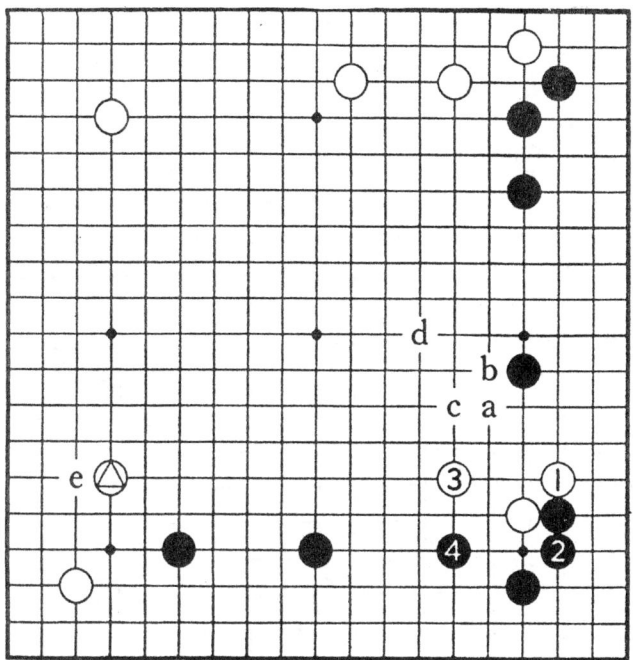

7 도

7 도 (딴 방법)

전도 백 6 의 들이닥침에서 본도 1 로 누르고 흑 4 까지로 움직이는 수도 있을 듯하다.

또 이 백 3 에서 a로 어깨를 붙여 흑b, 백c, 흑d에 백 4로 걸치는 변화도 있다. 그것은 전에 加藤正夫 10단(당시 본인방)이 둔 일이 있는데(제 3 기 명인전 리그, 대 坂田 9 단전), 그때는 ◯가 e로 낮은 위치에 있었다. 아주 바람직한 수습이다.

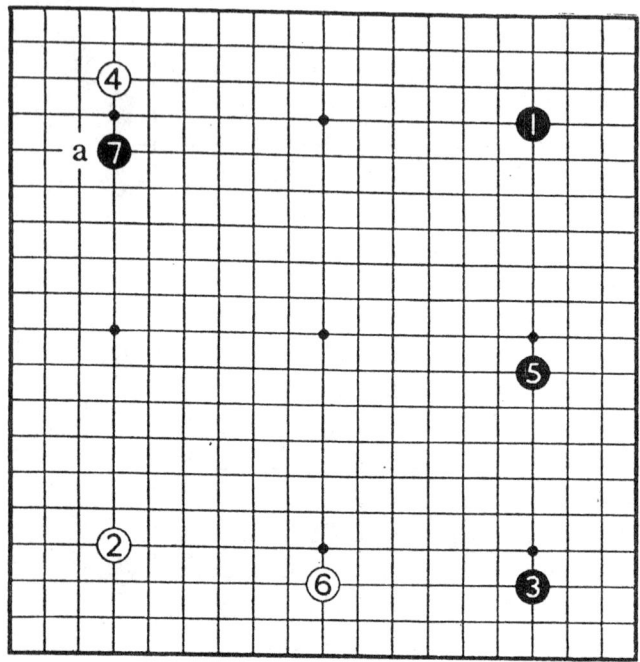

제 3 형

○제 3 형

이번에는 백 6으로 하변의 큰 곳을 차지하는 형에 대하여 생각해 보자.

6의 점은 흑이 중국류의 모양을 넓히는데 중요한 요소이다. 따라서 백에서 그 점에 선착하려고 하는 것은 어쩌면 당연한지도 모른다.

이 형의 경우, 백 4가 소목이므로 그 6에서 7, 혹은 a로 굳혀 두는 포석도 있다.

어쨌든 백이 굳히지 않고 6으로 향했으므로, 흑으로서는 7, 혹은 a로 걸치게 된다.

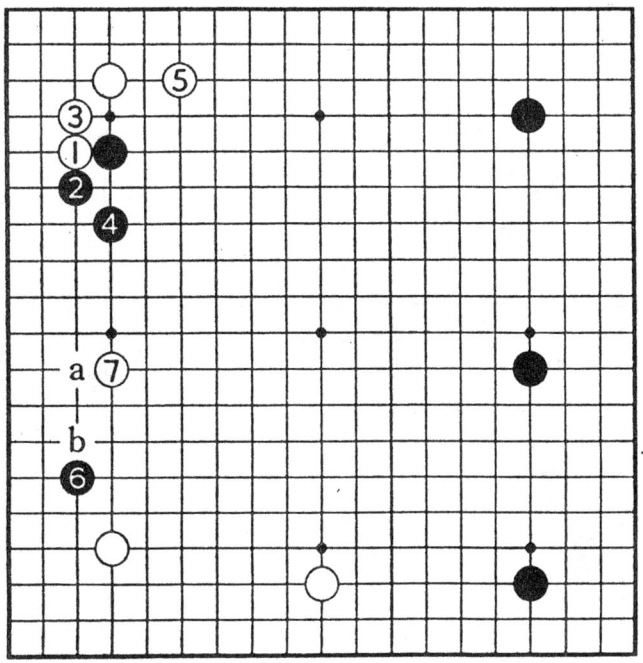

1 도

1도(실전례)

3형 흑7까지는 실전에 자주 나온다. 그 후 본도 백1 3의 붙여당김에서 흑6으로 걸친 실전례가 있다.

제3기 기성전의 도전자 결정전에서 坂田栄男 9단(흑) 과 石田芳夫 9단(당시는 왕좌)이 대국했던 초반전에 나 왔다.

그 때는 백7로 뛰어들어 이곳에서 싸움으로 들어갔다 (3도 참조).

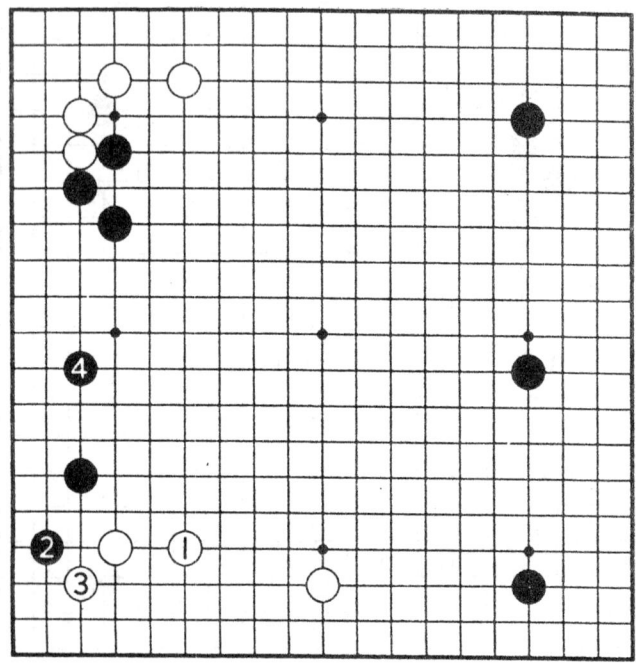

2 도

2 도(혹의 이상형)

1 도 혹 6 으로 걸쳐 간 것은, 혹 본도 백 1 로 받으면혹 2 로 달리고 4 로 준비할 것을 기대한 것이다.

1 도 혹 6 에서 정석대로 a로 벌리고 있는 수도 생각할 수 있다. 그 경우는 백b의 메워벌림이 절호가 된다.

혹으로서는 그 생각을 피하고, 2 도를 기대하여 1 도 6 으로 걸친 것은 이치에 맞는다. 또한 실전에서는 1 도에 이어서——

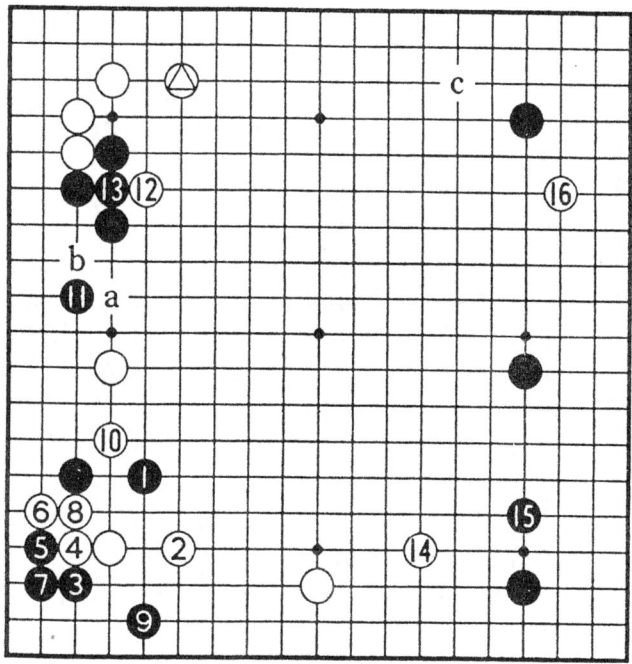

3 도

3 도(실전의 진행)

흑 1 도 뛰고, 백 2 로 교환하고 나서 흑 3 으로 3·3 으로 들어가는 변화를 채용하고 있다. 그것은 백 10 을 요구하고 선수로 다른데로 돌려는 것이다.

이 경우는 좁은 느낌이 드는데 흑 11 이 중요. 생략하여 백 a 나 b 에 두면 상방의 흑은 근거를 잃고 공격받게 된다.

백 14 는 하변의 모양을 중요시 한 것.

백 16 은 좌상의 ◯ 가 머리를 내놓고 있으므로 c 가 아닌 본도와 같이 걸치는 것이 상식이다.

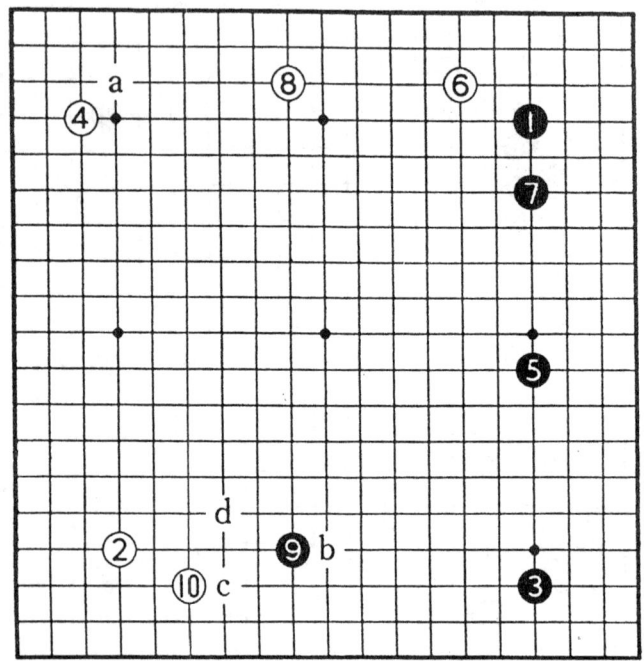

4 도

4 도(미니 중국류)

흑 1 · 3 · 5 는 예에 의해 고중국류.

이 경우 백 4 의 소목의 위치에 주목하라. 백 a 가 아니고 4 의 소목에 있으면 백 6 의 걸침에서 8 로 미니 중국류로 준비하는 포석도 성립한다.

백이 상변에 배치되었으므로 흑은 하변의 큰 곳을 차지하는 것은 당연하다.

흑 9 가 그 일례. 여기서는 한길 앞두고 b를 차지하는 수도 있을 것이며, 또 흑 10 으로 걸쳐 가는 수도 있을 것이다.

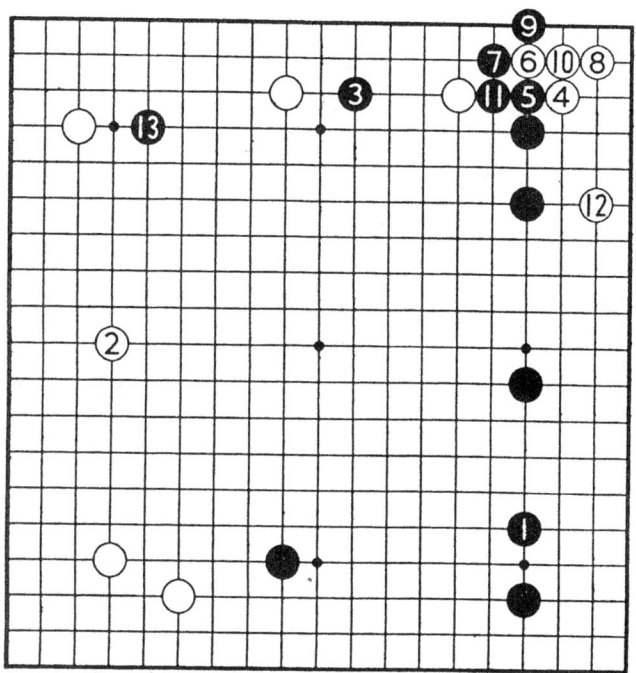

5 도

혹 9 에 대해서는 백 10 의 날일자가 보통. c까지 발을 뻗
으면 혹d의 씌움이 절호가 된다.

그럼 이 포석이 생긴 실례를 들어 보자.

5 도(실전례)

4 도에 이어서 혹 1 의 굳힘. 최대의 큰 곳이다.

백이 걸쳐 오지 않으므로 굳히는 것은 당연할 것이다.

백 2 도 큰 곳. 거기서 혹 3 으로 뛰어드는 실전은   제 2 기
기성전의 제 6 국에서 나왔다.

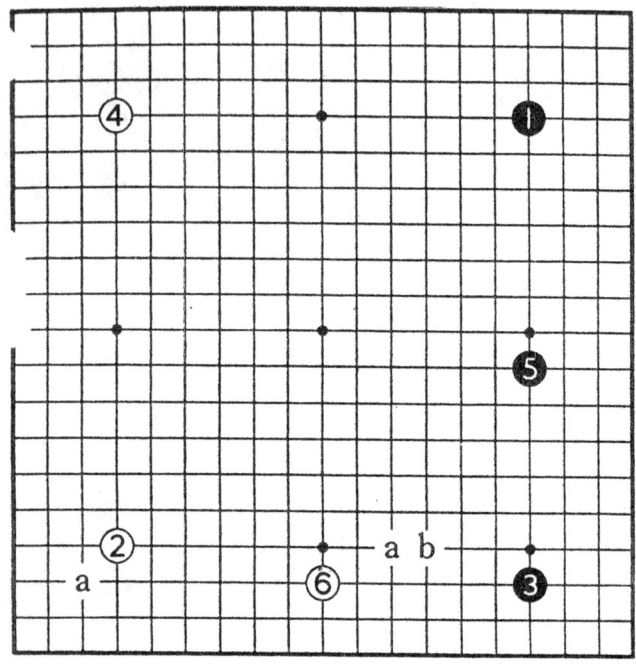

제 4 형

○제 4 형

혹 5 까지는 이제까지와 똑같다.

백 2 가 a의 3 · 3 이더라도 6 은 호점이 된다. 백이 하변의 호점을 차지하면 혹은 당연히 상변의 큰 곳으로 향하게 된다.

또한 하변의 백 6 에 대해 혹이 중국류의 준비에서 모양을 만든다고 하면 혹a, b 등을 생각할 수 있다.

1 도(넓은 쪽으로 들어간다)

가장 상식적인 것이 이 혹 7 · 9 의 준비.

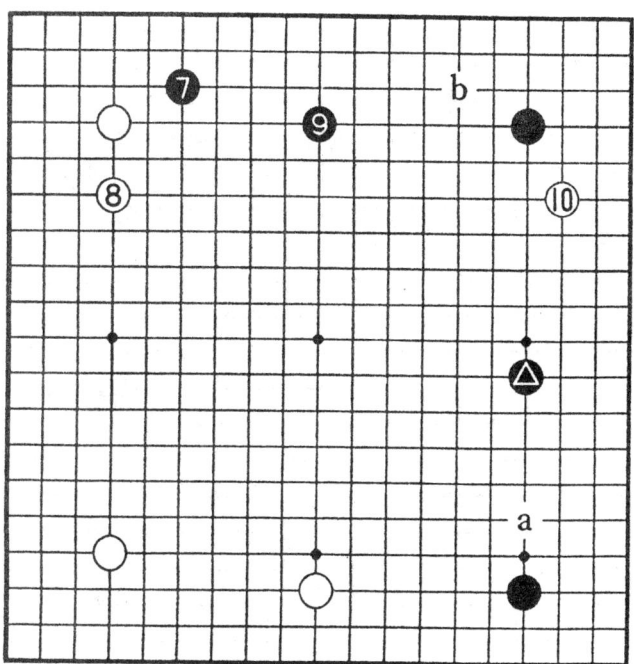

1도

여기에 대해 백이 어디서부터 흑모양으로 들어가느냐가 과제가 될 것이다.

우하귀 a의 걸침은 급하지 않다. 그것은 오히려 흑의 의중을 헤아리게 된다.

그래서 생각할 수 있는 것이 b의 걸침이나 백 10의 걸침. 그 선정의 기준이 되는 것은 '넓은 쪽으로 걸치라' 는 격언이다. 즉 상변의 화점과 9와의 간격, 우변의 화점과 ● 와의 간격이 넓은 쪽으로 들어가라는 것이다.

따라서 여기서는 백 10이 타당하다.

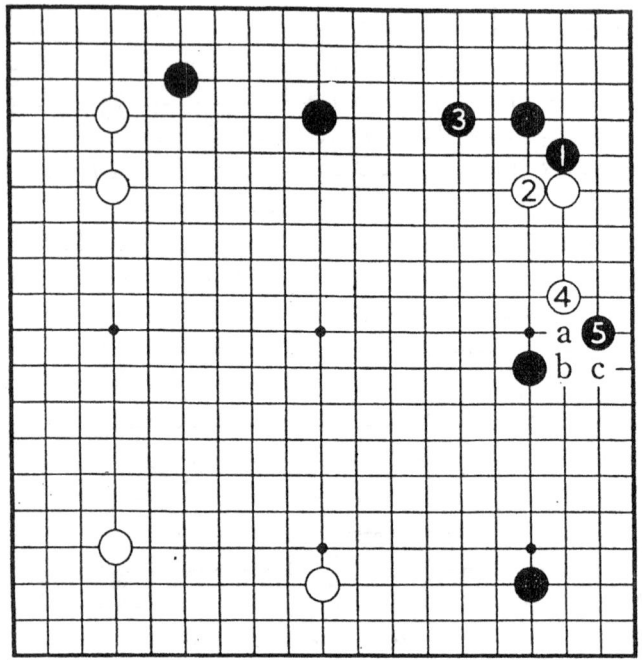

2 도

2 도 (공방)

혹도 당연 1로 마늘모 붙임으로 백을 공격하게 된다.

이 1, 3이 엄한 이유는 백2의 끊음에서 4로 벌린 간격이 좁기 때문이다.

'2립3석'의 원칙에서 보면 백은 a까지 벌려야 하나, 그것은 혹b로 누르고 들어가게 해서 안된다. 그렇다면 백 4가 보통. 그러나 백4에서는 '2립2석'으로 원칙보다 약간 좁다. 따라서 혹1·3이 엄한 방법이 된다.

백4에 대해 혹5로 계속해서 바닥에서부터 근거를 빼

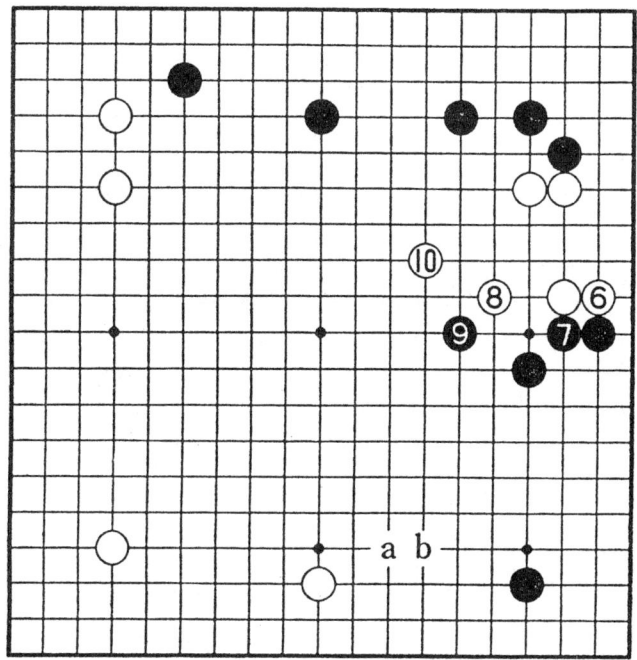

3 도

앗아 간다. 흑5를 두지 않으면 백c로 달려 간단히 수습
되고 만다. 계속해서——

3 도 (모양을 형성)

백6으로 누르면 흑7에서 9로 간 요령으로 하방에서
세력을 펼치면서 백을 공격한다.

이어서 흑a, b등에 두면 우하귀는 제법 모양이 만들어
져진다.

2 도 흑1 내지 3 도 백10 까지는 하나의 형이다.

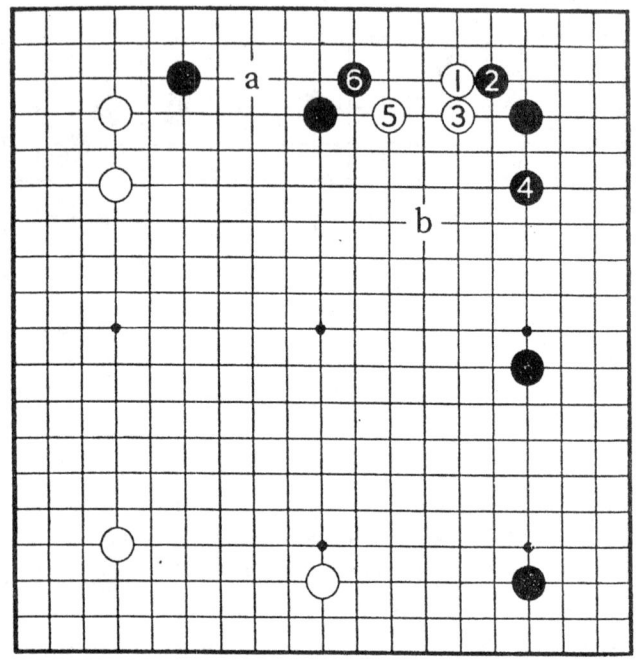

4 도

4 도 (잘못된 걸침)

그럼 좁은 쪽으로 들어가면 어떻게 될 것인가.

백 1 이 그것.

상법에 따라 흑 2 의 마늘모 붙임에서 4 로 뛰어 공격한다.

백은 5 로 한 칸에 준비하는 정도이다. 이것을 두지 않고 흑 5 로 메우게 하면 백은 한꺼번에 답답해져 버린다. 그래서 백 5 로 두는 것인데, 이 5 는 너무 좁아 2 도 백 4 의 벌림보다도 괴로운 모양이다. 이렇게 된 것은 원인을

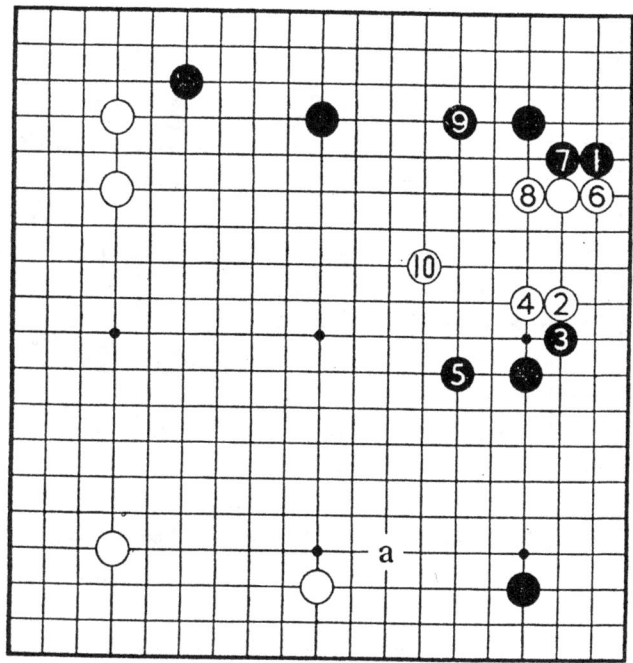

5 도

따지면 백이 좁은 곳에 1로 걸쳤기 때문이다.

흑6은 백a의 뛰어들기를 선세하면서 백의 근거를 빼앗는 절호의 마늘모. 백b로 뛰는 정도이겠지만 장래 흑에게 공격 목표가 될 우려가 있다.

5 도 (딴 방법)

2도 흑1에서는 본도 흑1로 날일자로 백을 몰아내는 방법도 있다.

이 백10까지는 제7기 명인전에서 생겼다. 필자 백. 계속해서 흑a로 준비하는 진행을 다음에 나타낸다.

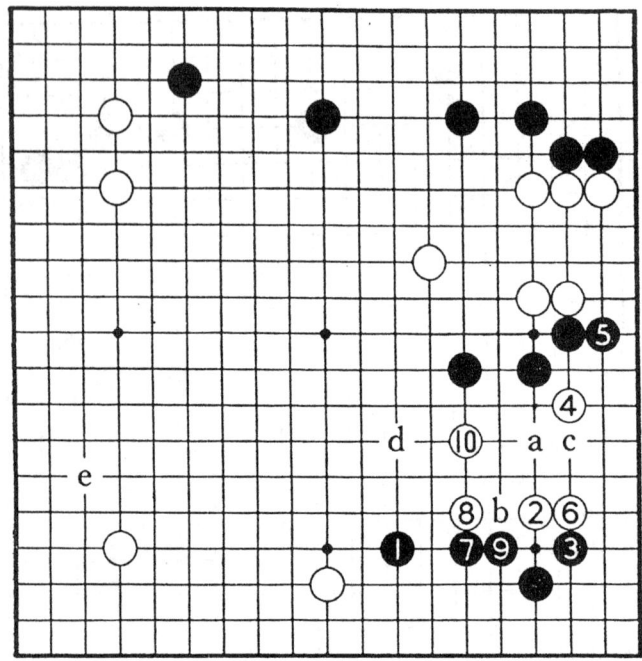

6 도

6 도(모양내에서의 공방)

혹 1 로 모양을 만들어 오므로 백 2 로 들어갔다. 지금이 모양으로 침입할 찬스. 이 찬스를 놓치고 혹에게 지금 한 수 걸치게 하면 이미 백에게 들어가는 것이 어려워진다. 단, 들어가지 않고 두는 방법도 있었다(7 도).

혹 3 의 마늘모는 근거를 주지 않으려는 엄한 방법. 여기에 대해 백 4 에서 6 으로 발판을 다졌다.

계속해서 혹a, 백b, 혹c, 백d인 식으로 진행하였다.

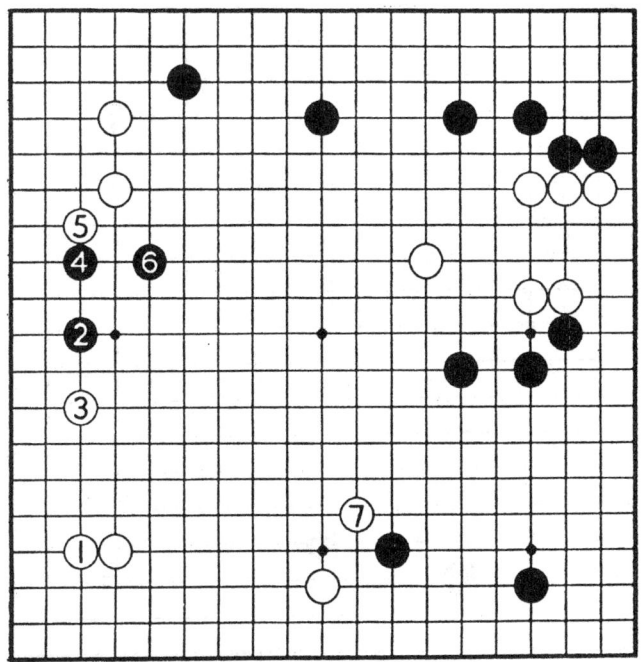

7 도

7 도 (모양으로 대항)

예를 들면 좌하 백 1 로 굳힌다. 흑 2 의 가르기는 백 3 으로 메우고, 이하 백 7 까지로 좌하에 모양을 만들어 대항하는 것이다.

◇ 학습의 포인트 4

(1) 고중국류는 상대의 걸침을 기대하고 공격하려는 의도를 갖는 포석.

(2) 고중국류의 대책으로서 서둘러 들어가지 않는 것이 현명.

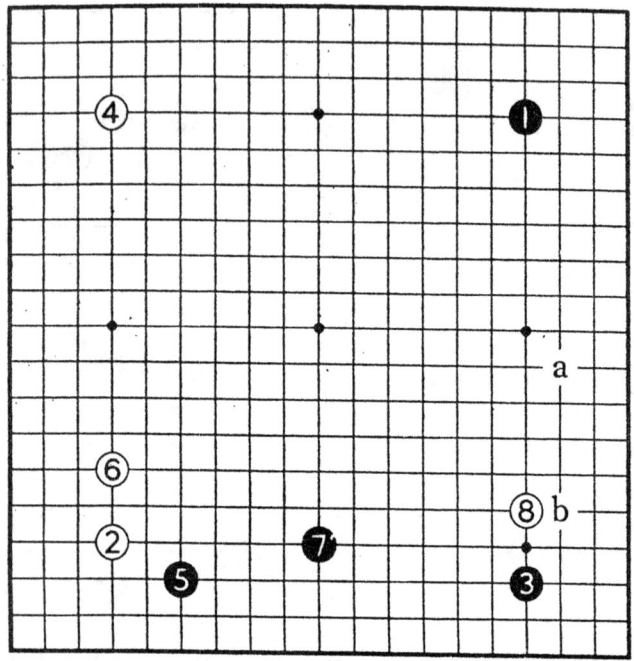

제 1 형

5. 신형 ── 小林光一流 ──

극히 최근 두기 시작한 포석이다.

귀를 굳히지 않고 모양을 형성하여 상대가 걸쳐 오는돌을 공격하여 큰 전과를 올리려는 구상에서 생겨난 신형이다.

그것을 두기 시작한 것이 小林光一 9단. 그래서 小林光一流이라는 명칭이 생겨났다. 포석에서 개인명이 붙여진 것은 드물며 이제까지는 秀策流정도였다.

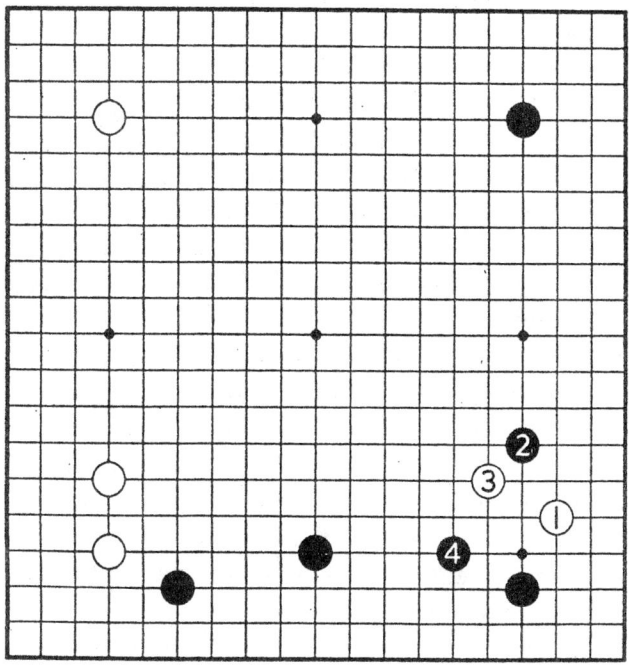

1 도

○ 제 1 형

혹 1 · 3 은 평범한 평행형. 이후 혹 5 에서 a 로 준비하면 중국류이다. 귀를 소중히 한다면 혹 b 의 굳힘일 것이다.

그런데 그러한 수를 두지 않고 느닷없이 혹 5 로 화점에 걸치고, 백 6 의 받음에는 혹 7 로 준비한 것이다. 그리고 백 b 의 걸침을 기다리는 것이 小林류이다.

1 도 (혹의 전략)

즉 백 1 에는 혹 2 등으로 엄한 공격이다.

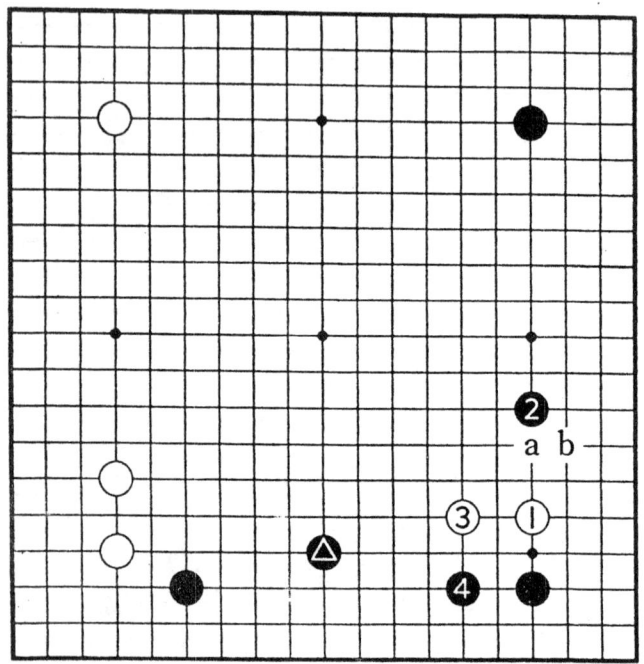

2 도

2 도(두 칸 높은 협공)

1 도를 피하고 백 1 로 높이 걸치면 흑 2 로 두 칸에 높이 협공하는(흑 a 나 b 도 있다) 것이 엄하다.

백 3 의 한 칸 뜀에는 흑 4 로 응하고 있다. 이 백의 한 칸 뜀은 흑이 ●에 기다리고 있을 뿐, 무거운 느낌은 부정할 수 없다.

이어서 예를 들면,

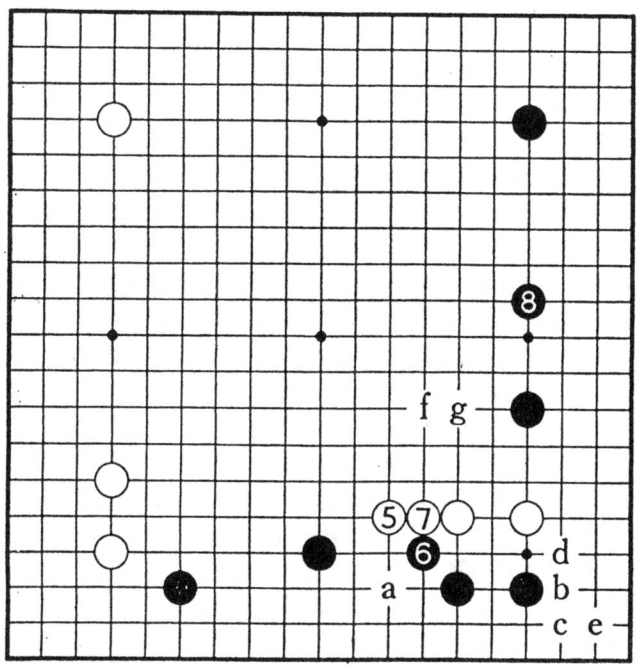

3 도

3 도(백은 무겁다)

백 5 로 뛰면 흑 6 의 엿봄으로 충분하다.

흑 8 로 벌리고 있는 것 만으로도 막대모양이 된 백돌의 앞으로의 수습에는 상당한 시간이 걸릴 것 같다.

단 흑에서 a로 응하면 백b, 흑c, 백d를 잘 살려 흑e로 뻗어내놓았을 때, 흑 8 부근에서 반격으로 나올 것을 생각할 수 있다.

본도 백 7 까지대로 방치해두면 결국 흑f 부근에서 공격하게 되므로 백g로 씌움으로라도 한수 걸쳐 두지 않으면 안될 것이다.

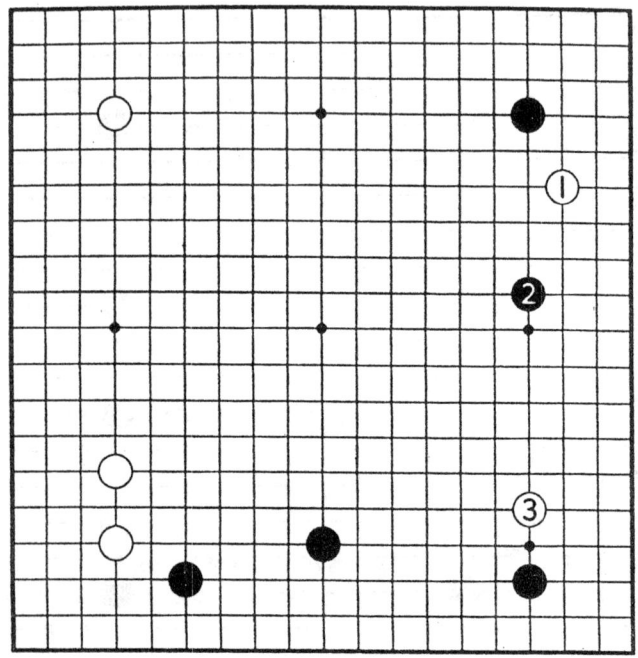

4 도

4도(한 칸 높은 걸침)

필자(백)가 제6기 명인전 리그에서 小林光一 9단과 대국했던 초반전이다.

예에 따라 제1형과 같이 小林류를 깔아 왔다.

백3으로 직접 걸치는 것을 기다려 1에서 걸쳐 흑의 응수를 물었다. 흑이 2로 협공해 왔으므로 백3으로 걸친다. 이것으로 우상 방면을 두고, 흑3으로 한 칸에 굳혀지면 흑의 의도에 꼭 맞는다.

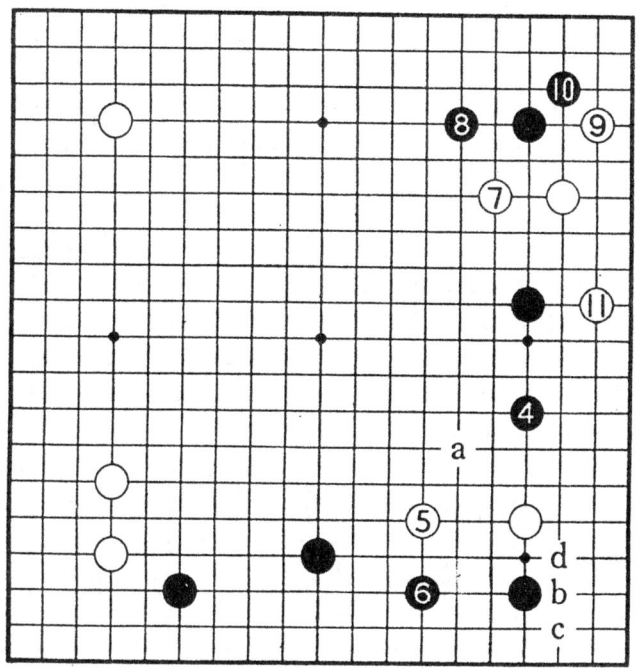

5 도

5 도 (小林류를 활용한다)

흑 4 의 협공은 예기되는 수.

백 5 로 가볍게 두 칸에 뛰어 일난 7 이히 11 까지로 상
방을 수습했다.

이후 흑 a로 걸쳐 공격해 왔으나 백 b, 흑 c, 백 d로 붙여
당겨 여기도 수습하는 책략으로 나왔다.

언뜻 백은 괴로울 것 같으나 백은 좌변을 세력권으로 하
고 있으며, 여기를 잘 수습하면 충분히 싸울 수 있다. 다
시 말하면 흑은 小林류를 마음껏 활용하지 않으면 뒤지게
되기 쉽다.

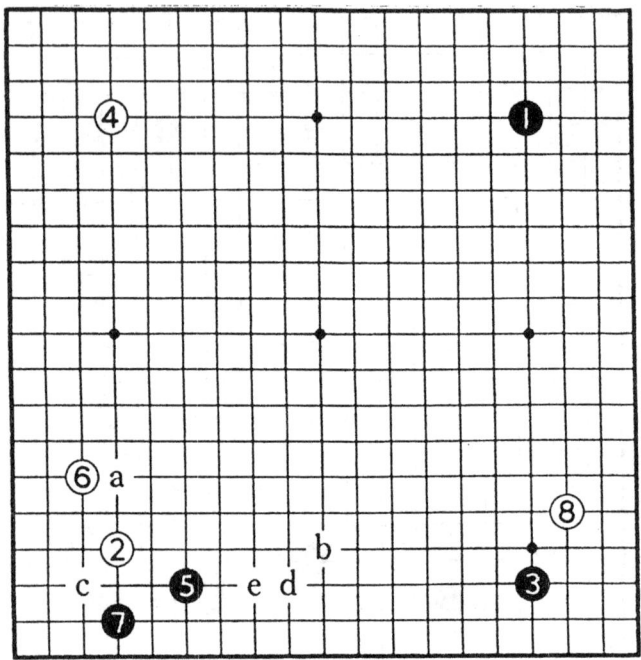

6 도(대 小林류 전법)

이것은 제 8 기 명인전 리그에서 林海峯 9 단과 대국했던 초반전이다.

흑 5 로부터의 걸침이 小林류를 의식한 것.

백 6 에서 a 로 한 칸에 받으면 흑 b 로 小林류로 준비해 올 것이 예상된다.

백 6 에서도 흑 b 의 小林류가 없지는 않으나, 흑 c 의 3 · 3 들어가기가 별로 쓸모가 없고, 흑 b 로는 두기 어렵다.

사실 흑 7 로 달려 왔다. 백 c 라면 흑 d 가 될 것이다.

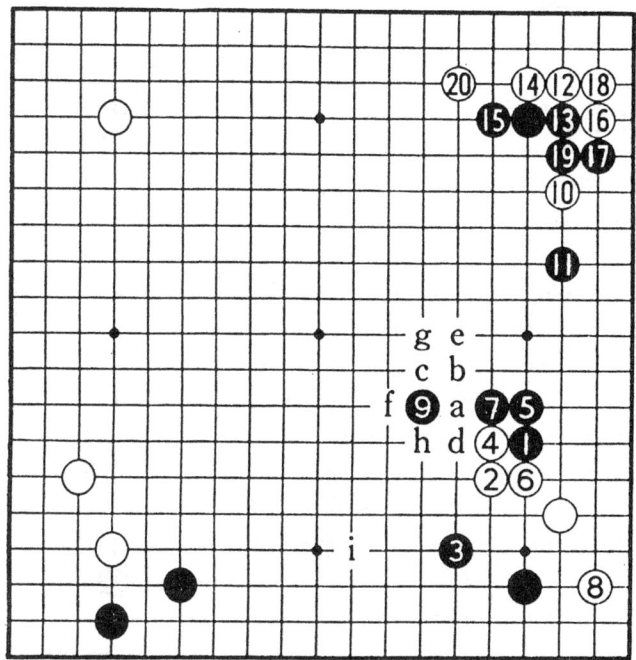

7 도

그러나 필자는 그렇게 하지 않고 백 e로부터의 협공의 여지를 남기고 손을 빼 백 8의 걸침으로 갔다.

이러한 생각은 대 小林류의 하나의 이상적인 생각이라 생각한다.

7 도 (실전도)

흑 1 로 협공하고, 백 2 이하 20 까지로 진행하였다.

도중 백 8 에서는 a로 젖혀 흑 b, 백 c, 흑 9, 백 d, 흑 e, 백 f, 흑 g, 백 h의 빼기까지가 정석이지만, 흑 i 로 준비하여 주문에 딱 맞는다.

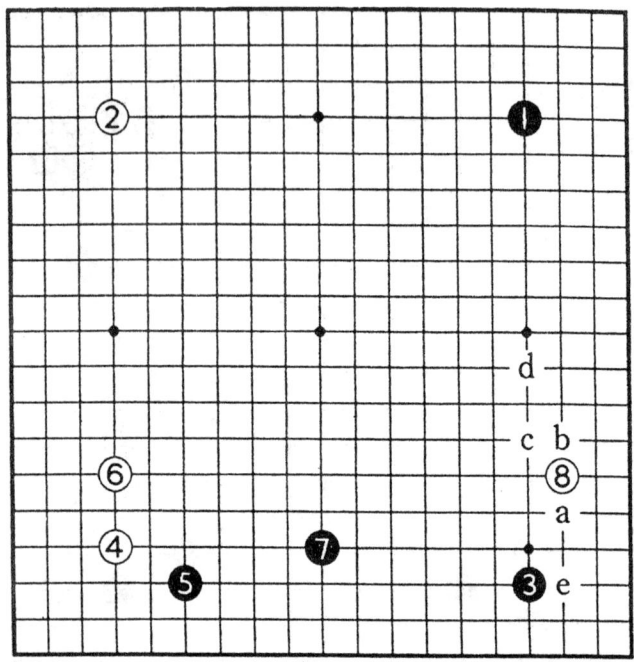

제 2 형

○제 2 형

백 8로 눈목자로 걸치는 패턴을 들어 본다.

여기서 보통 백a로 걸치면 흑b까지는 c의 엄한 협공을 삼킨다.

그 난을 피하려는 것이 이 눈목자의 걸침이다.

이 8에 대해 흑d로 협공해 오면 백은 e로 귀에 붙여 수습한다. 즉, 백은 걸침으로서의 엄하기는 약간 부족하지만, 반대로 흑으로부터의 협공을 완화하고 있는 의미가 있다.

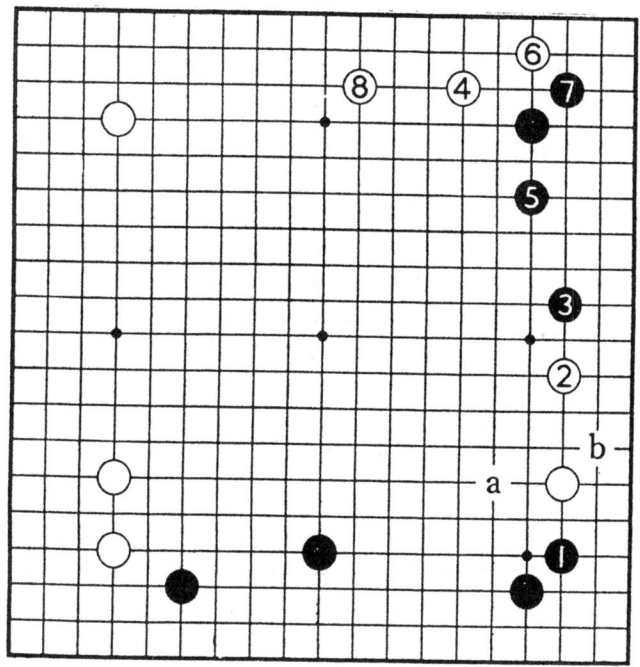

1도

1도 (마늘모)

혹 1의 마늘모는 집에 인색한 방법.

백도 2로 두 칸에 벌리면 보통이다.

계속되는 혹 3의 메움은 임하다. 혹 1의 마늘모일 때부터의 목표, 이렇게 메우고 a의 씌움으로 백 두 점을 공격하려는 의도가 있다. 또 상황에 따라서는 혹 b로 놓고 근거를 빼앗으면서 백을 쫓아내는 방법도 있을 것이다.

백 4 이하 8까지라면 순조로운 포석이다.

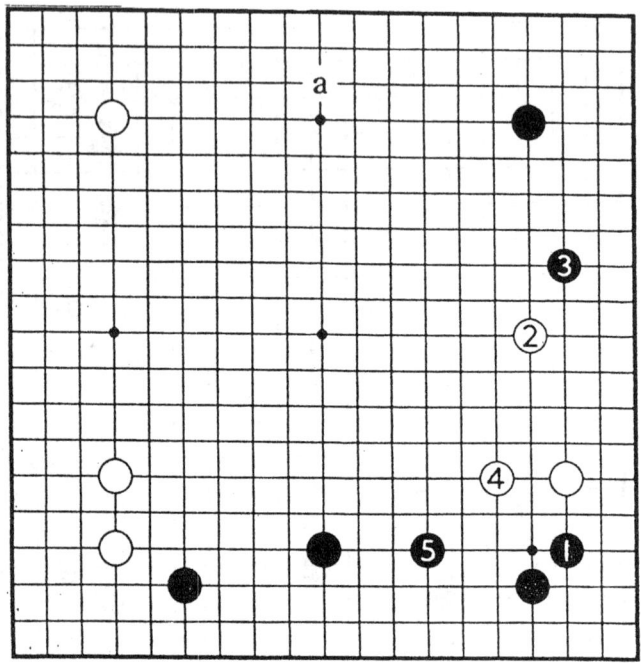

2 도

2 도(메움의 완화)

1 도 흑 3 의 메움을 완화하는 딴 방법이 있다.

흑 1 에 백 2 로 큰 눈목자로 전개하는 것이다.

흑 3 의 메움은 변함없이 엄한 수이지만, 거기서 백 4 로 뛰고 있다. 이렇게 있으면 집에는 다소 허술하지만 흑으로부터 갑자기 공격받는 일은 없을 것이다.

흑 5 로 대비하는 정도. 거기서 백은 a의 호점으로 옮긴다.

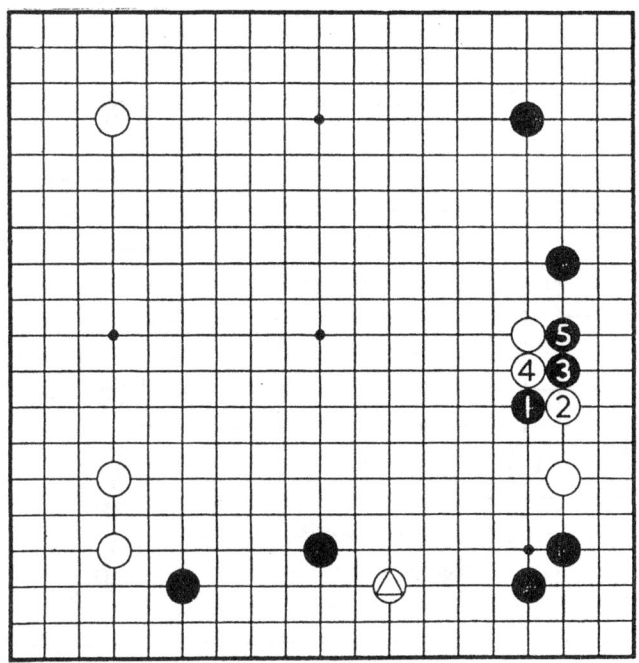

3 도

3 도.(뛰어들기)

2 도 백 4 의 뜀을 생략하고 느닷없이 △ 로 뛰어들거나 하면, 흑 1 로 뛰어들게 하여 백 2 는 흑 3 이하 5 로 분단 되어 어려워진다.

아무리 포석의 단계라고는 해도 뛰어들기의 여지를 남 겨 다른 데로 전향하는 것은 바람직하지 못하다.

1 도 백 2 의 두 칸 벌림과 2 도 백 2 · 4 의 준비로는 일 장일단이 있어 모두 앞으로의 싸우는 방법에 따르며, 잘 만 되면 나쁘지도 않다.

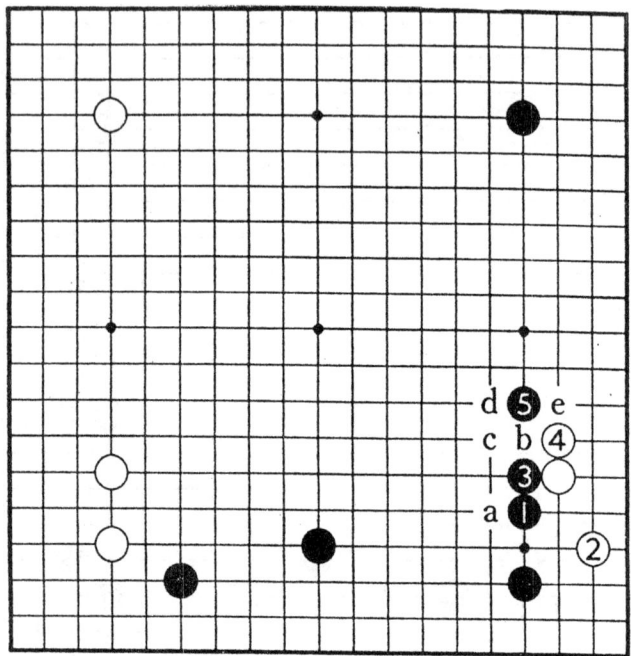

4 도

4 도 (어깨붙임)

제 2 형의 백 8 의 큰 눈목자 걸침에 대해 흑 1 로 어깨에
서 엿보는 것은 아주 유력한 수이다.

이것은 노골적으로 하변을 흑의 큰모양으로 하려고 의
도한 방법.

백 2 가 보통이다. 여기서 3 으로 밀어 올리는 것은 흑
a 로 뻗어 흑모양 형성을 거들어주게 된다.

흑 3 으로 밀고 5 로 걸치는 것이 상당한 수. 백으로서는
b 로 나와 흑 c 에 백 d 로 끊고 싶으나, 흑 e 로 눌려들어가 어
려워진다.

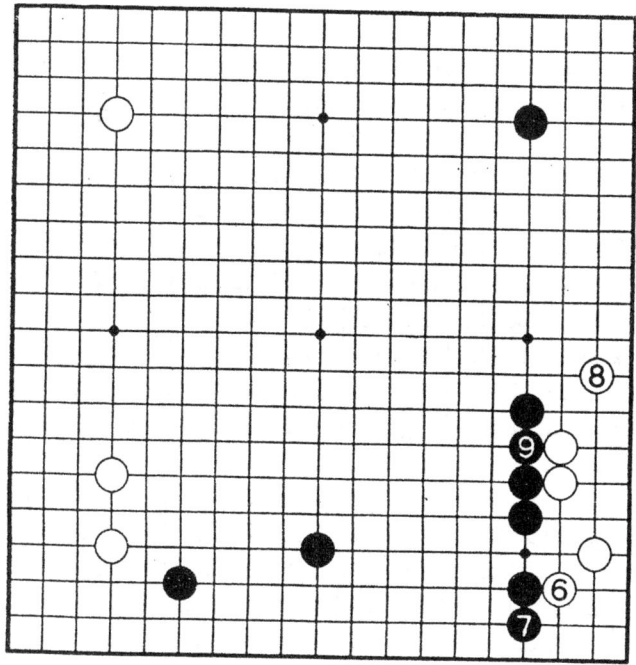

5 도

5 도(큰모양 형성)

백 6 · 8 징도

흑은 9 로 팽팽히 잇는 것이 묘수.

小林류의 바람직한 활용법의 하나라 할 것이다.

◇ **학습의 포인트 5**

(1) 상대에게 걸치게 하여 거기서 얼마 만큼의 전과를 올리느냐가 小林류 포석 사명.

(2) 한쪽 집에 치우칠 위험이 있으므로 충분한 주의가 필요.

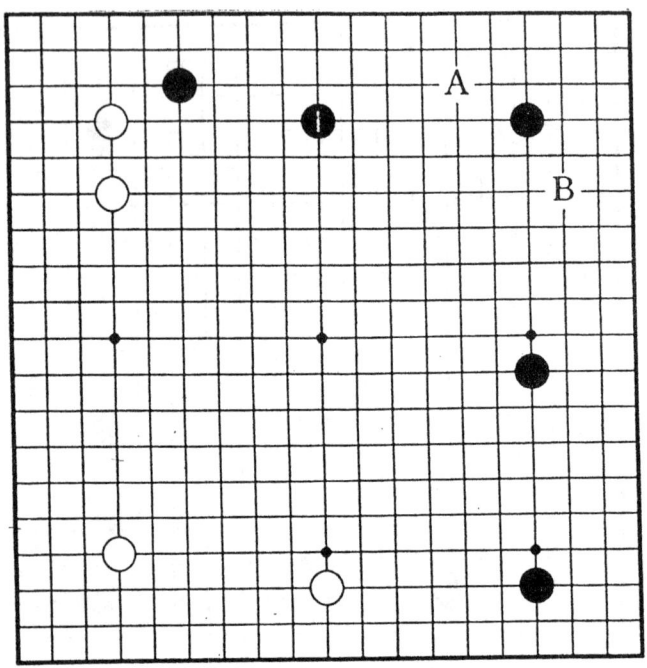

제1문

○연습문제

【제1문】백

혹은 우변 고중국류의 포석에서 상변 혹1로 준비하여
왔다.

백으로서는 우상으로 침입할 찬스인데, A에서 걸쳐야
할 것인가, 아니면 B에서 걸쳐야 할 것인가.

《힌트》만일의 경우, 살기 쉬운 페이스가 필요.

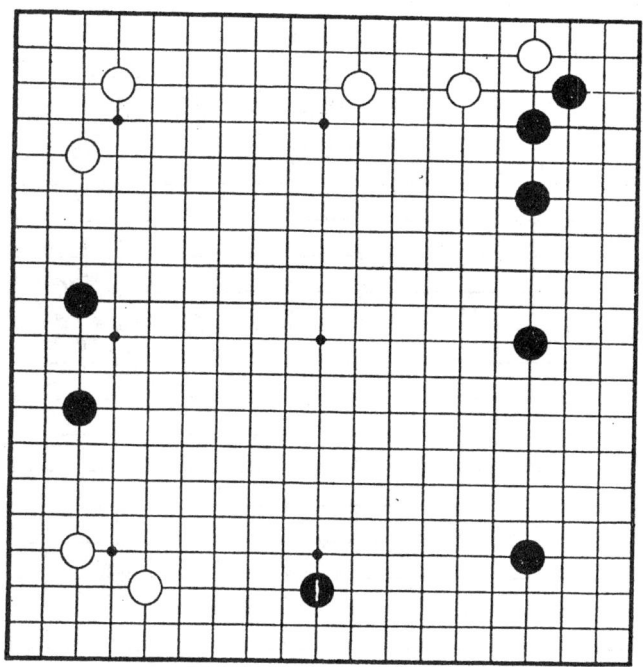

제 2 문

【제 2 문】 백

　우변의 혹의 준비는 3연성에서 생긴 것. 한쪽의 백은 양군힘으로 대항하고 있다.

　그런데 혹이 1로 큰 곳을 차지해 왔는데 다음에 백이 주목할 곳은 어디일까.

　《힌트》접바둑 등에서 하수가 가장 싫어하는 것은……

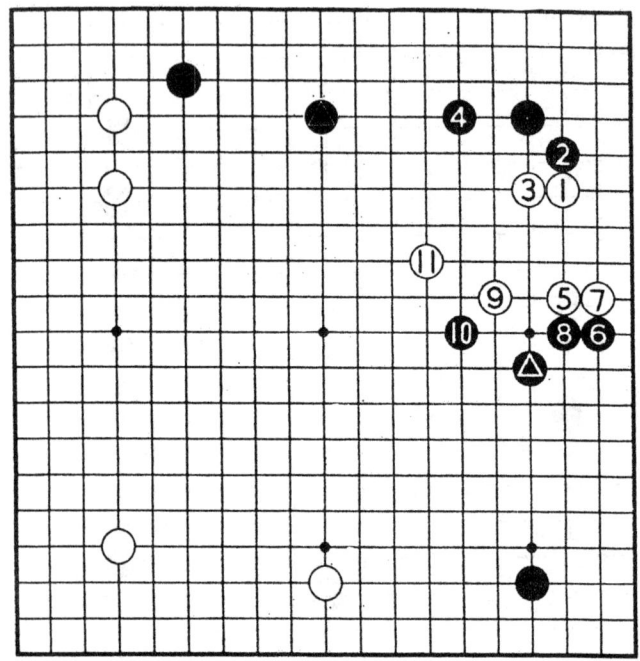

◇연습문제 해답

【제1문】

백1이 정해(正解)

흑의 넓은 쪽으로 들어가는 것이 옳은 생각이다.

즉 우상귀의 화점의 흑에서 계산하여 우변의 ●과 상변의 ●에서는 우변 쪽이 먼 곳에 있다. 그만큼 넓은 것이다.

흑2·4는 공격의 상법. 이하 흑10까지는 상정(想定)이지만 백11까지로 마무리 한다.

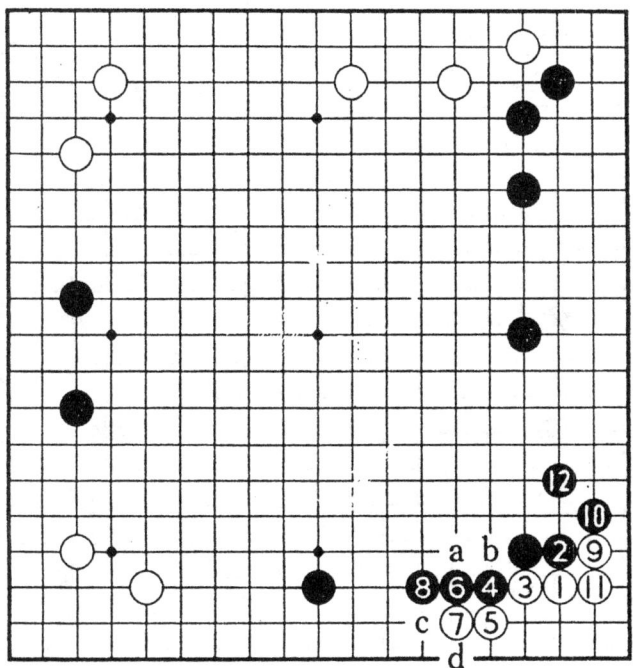

【제 2 문】

백 1 로 3 · 3 에 늘어가는 한 수일 것이다.

방치하여 흑a로 준비하더라도 백 1 의 수는 있으나 들어
가기 어려워진다. 게다가 정세에 따라서는 흑 2 로 귀를 굳
힐지도 모른다.

흑은 넓은 쪽을 누른다. 즉, 2 의 쪽이다. 백 3 이하 흑
12로 일단락. 흑도 두터워졌으나 귀를 망가뜨린 일이 클
것이다. 또한 흑 6 에서는 7 로 2 단 젖히고, 백 6, 흑b,
백c, 흑a, 백d, 흑 8, 백 7 로 잇는 변화도 있다.

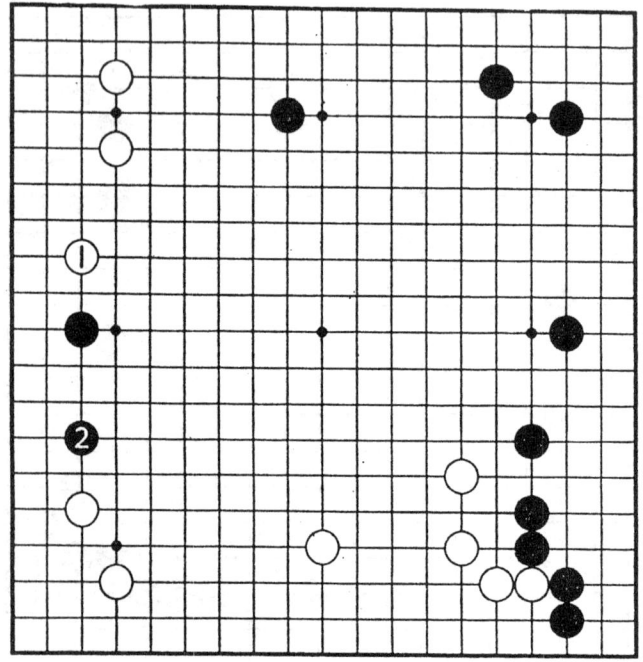

제 3 문

○연습문제

【제 3 문】백

포석도 슬슬 막판에 접어든다. 백 1 로 메우고 흑 2 로 벌렸다.

그런데 문제는 그 후, 백의 다음의 한 수는 어디일까.

《힌트》 우상의 흑모양도 신경쓰이나 그것보다도 좌변의 흑을 공격하면서 백모양을 확대하는 것이 선결.

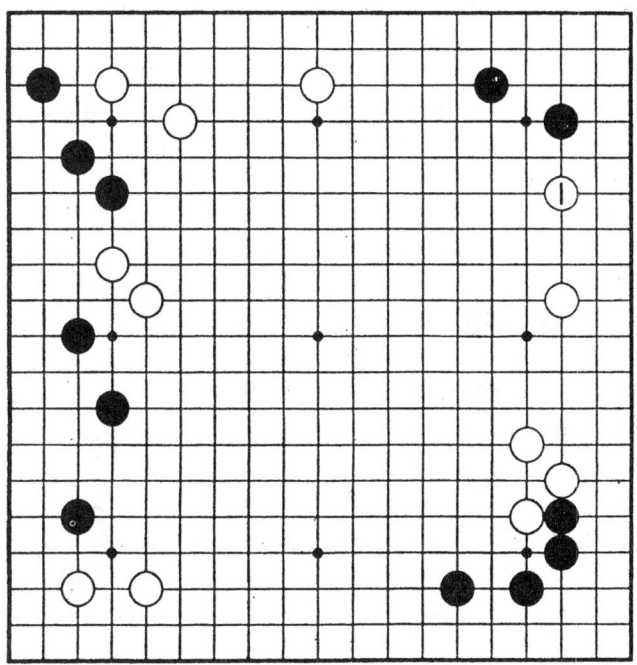

제 4 문

【제4문】 흑

백이 1로 벌려메워 왔다. 부분적으로는 대단한 호점이
다.

그러나 이 바둑에서는 다소 문제였는 지도 모른다. 흑으
로서는 이 찬스를 놓쳐서는 안된다.

그럼 다음의 한 수는?

《힌트》 좌변의 중앙에 백 두 점이 외따로 방치되어 있
는 것이 신경쓰인다.

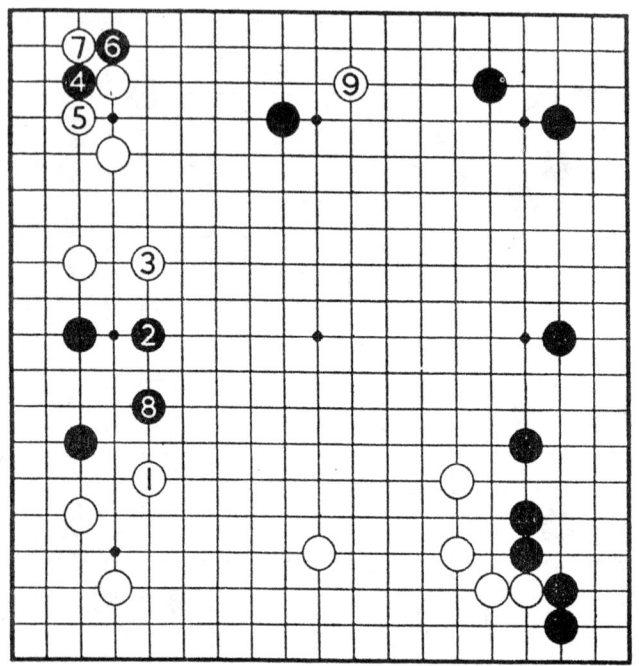

◇연습문제 해답

【제 3 문】

백 1 이 흑 두 점을 압박하여 하변의 모양을 넓히는 급소이다.

실전에서는 흑 2 로 뛰고, 4 · 6 으로 상황을 보아 흑 8 로 대비하였다. 흑 8 을 생략하면 백 8 이 강렬하다.

하변은 이것으로 일단락. 백 9 의 뛰어들기에 수를 돌렸다.

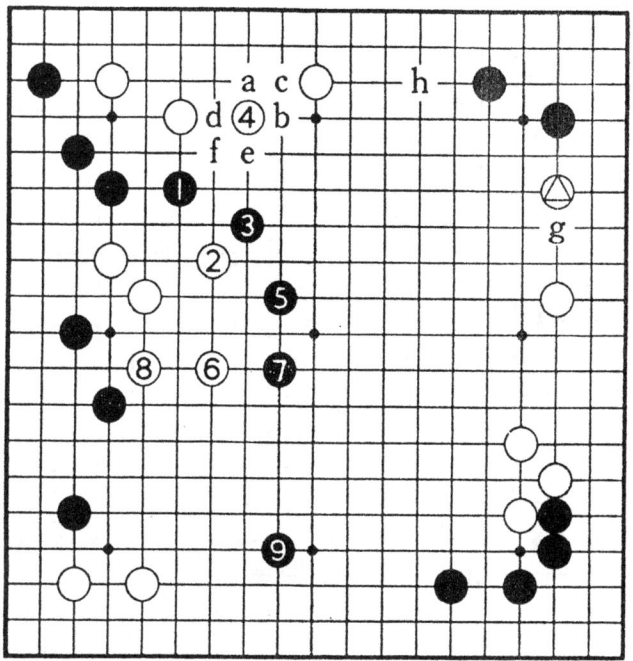

【제4문】

흑1의 뜀이 절호점.

이것은 제4기 명인전에서 坂田栄男 9단(백)의 도전을 받았던 제3국이다. 실전에서는 백2로 왔으므로 흑3 이하 7까지로 압박하여 9의 호점으로 돌았다.

도중 흑3에 백4를 생략하면 흑a의 뛰어들기가 엄한 수. 백4라면 흑b, 백c, 흑d, 백e, 흑f로 백의 실패.

따라서 문제도 백1에서는(본도△) '백1로 뛰었어야 했다'는 坂田 9단의 평이 있었다. 그 후 흑g라면 백h로 위의 모양을 넓힌다.

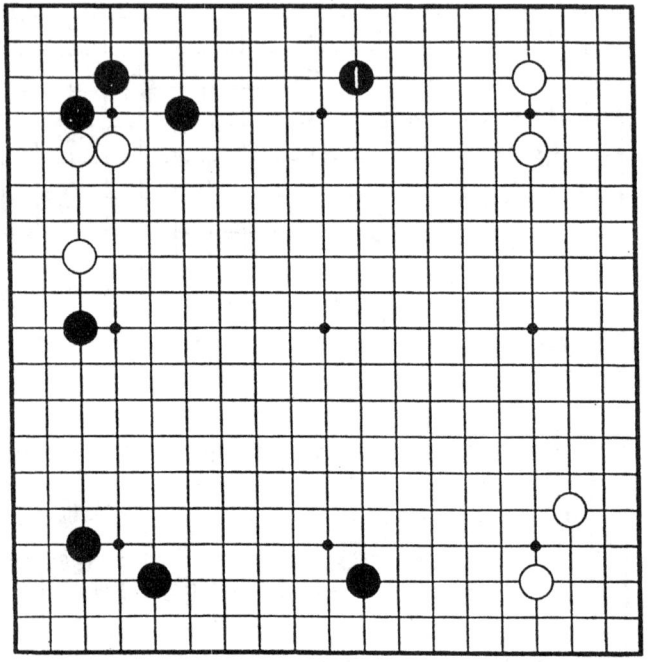

제 5 문

○연습문제

【제 5 문】 백

혹은 필자. 여기서 1로 벌렸는데 이것이 지나친 벌림.
그렇다면 백은 그 지나친 벌림을 어떻게 요리하면 좋을
까?

《힌트》깊이 들어가는 것은 금물.

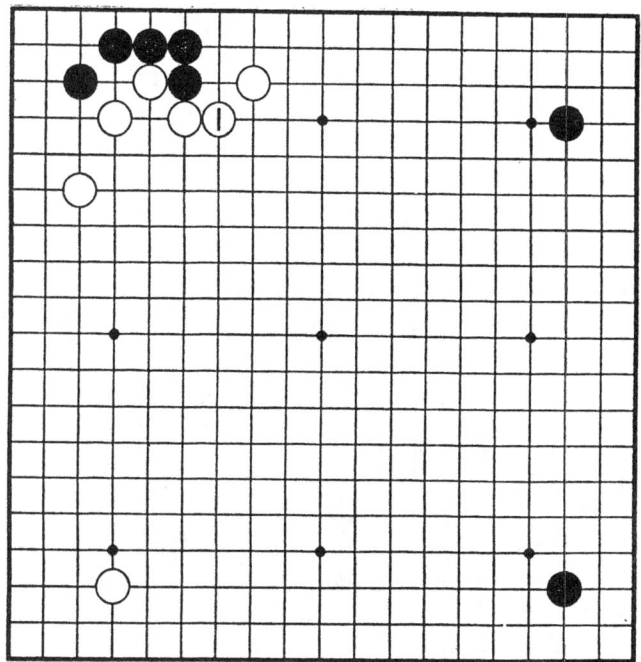

제 6 문

【제 6 문】 흑

 백이 1로 당긴 국면. 그럼 여기서 흑은 어디에 주목해야 할 것인가. 그리고 다음의 한 수는 어디에 두면 좋을까.

 《힌트》우상귀도 신경쓰이나 좌변의 백모양은 훨씬 신경쓰인다.

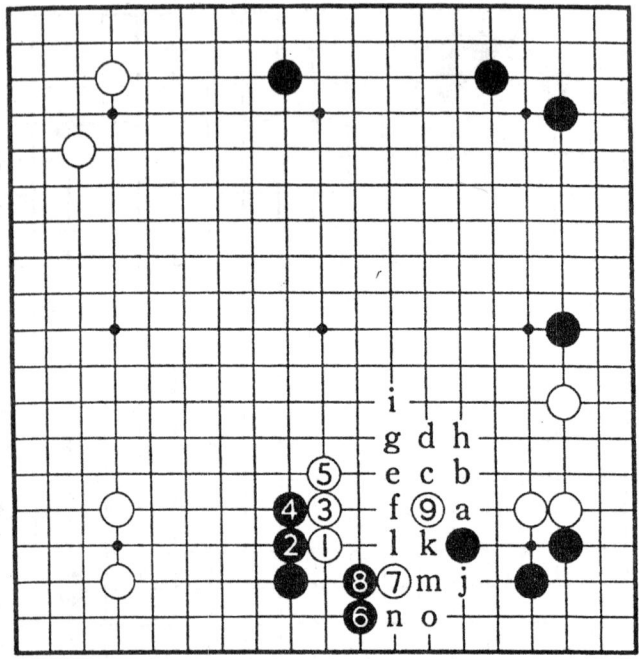

◇연습문제 해답

【제5문】

백1의 어깨붙임이 딱 들어 맞는다.

실전에서도 小林光一 9단이 1로 나와 손들었다.

이 경우 흑8에는 백9가 쉬운 수. 이하 흑a라면 백b, 흑c, 백d, 흑e…… 이하 기호순으로 백j의 붙임까지 흑의 괴로운 모양이 된다.

단, 실전에서는 백9에서 j로 붙여 흑k, 백l, 흑m, 백n, 흑o로 되었기 때문에 백은 별로 성공하지 못했다.

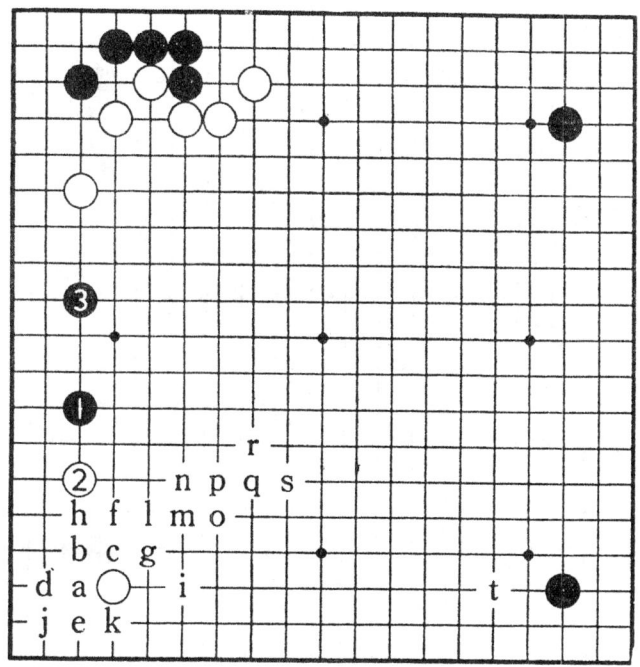

【제6문】

혹1의 가르기가 좋았을 것 같다.

백2 정도일 것이므로 혹3으로 준비하고 있으면 상방의 세력이 작용하지 못한다.

단 실전에서는 혹1에서 2의 눈목자 걸침을 두었기 때문에, 백1로 협공하게 하고, 혹a, 백b. 혹c, 백d······ 이하 기호순으로 혹s까지로 마무리지어 백t로 들어갔다. 혹으로서는 좀 불만이다.

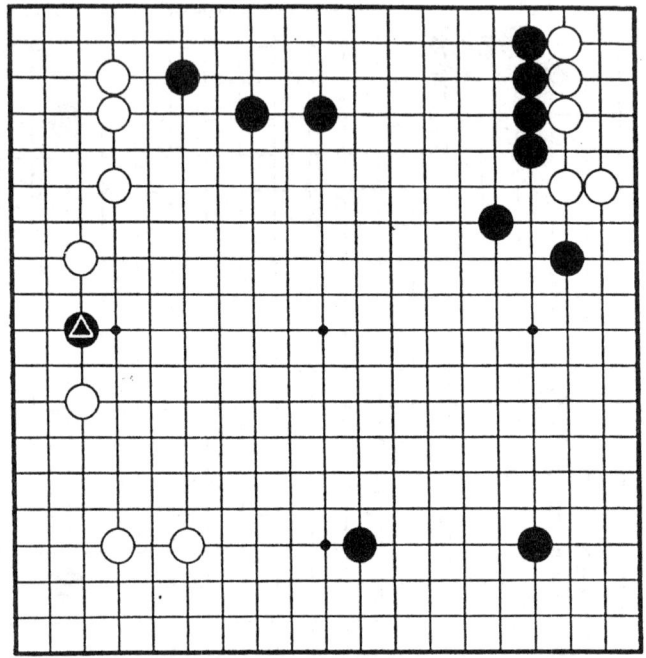

제 7 문

○연습문제

【제 7 문】흑

문제는 좌변으로 백에게 협공당한 ● 한 점의 처치.

이 한 점을 어떻게 하는 것이 옳을까――하는 테마이다.

《힌트》도망쳐야 할까, 사석(捨石)으로 해야 할까, 그 선택의 결정이 간요(肝要).

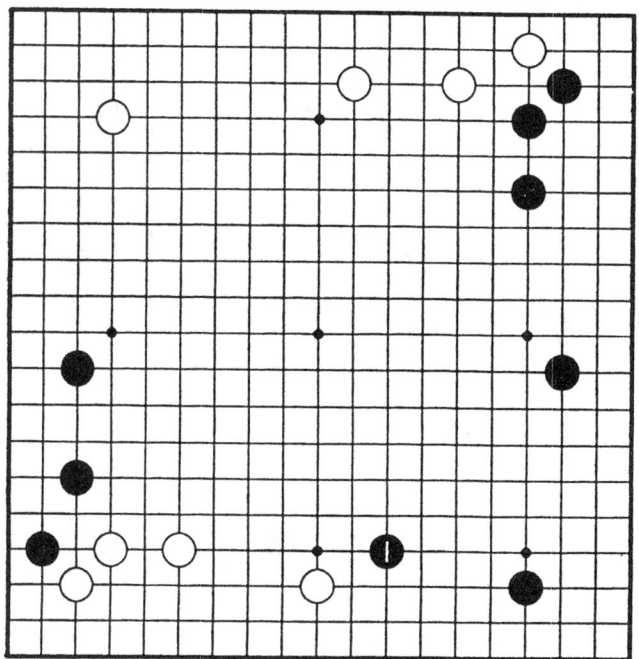

제 8 문

【제8문】백

혹은 중국류의 준비. 그리고 또한 1로 모양을 확대해
왔다.

백으로서는 내버려 둘 수는 없다.

백은 여기서 어디에서부터 엿보았을까.

《힌트》 '모양의 제거는…… 때문에'.

단 나중의 처리법은 아주 고급 기술을 요하므로 우선
다음의 한 수만 지명한다.

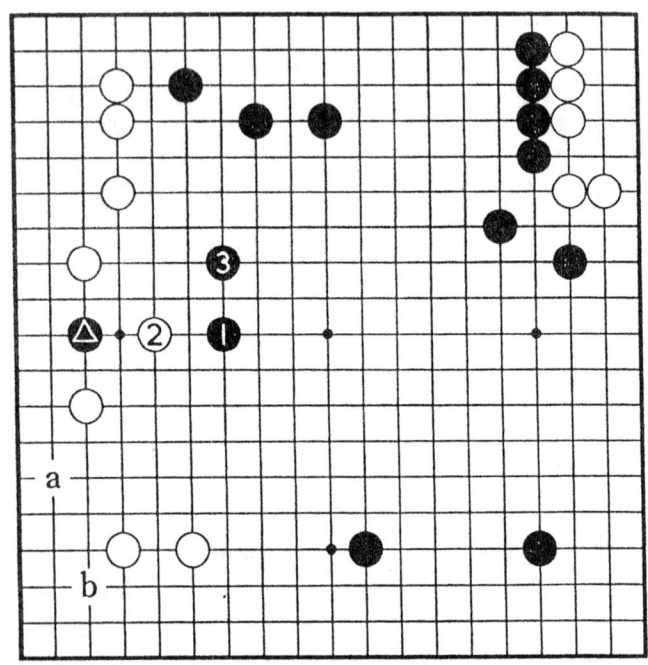

◇연습문제 해답

【제7문】

흑1로 세 칸에 뛰는 것이 바람직하였을 것이다. 백2
라면 흑3으로 뛰어 상방의 흑모양을 넓힌다. 게다가 ●
의 한 점은 아직 완전히 빼앗긴 것은 아니다.

그렇지만 실전에서는 흑은 2로 뛰어 달아나 백1로 씌
움이 되어 궁했다. 하는 수 없이 탈출을 단념하고 흑a에
서 변화구를 던져 어떻게든 귀(b)에 근거를 얻어 살려고
하였다.

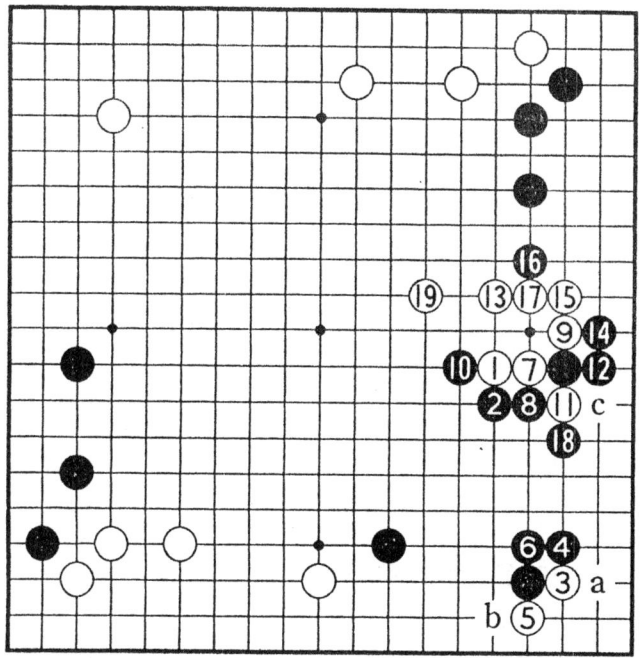

【제 8 문】

백 1 로 씌움을 하여 흑의 모양을 제거하고 싶었다.

이 바둑은 제 5 기 기성전의 최고 기사 결정전 준결승에서 林海峯 9 단과 맞섰던 것이다.

林 9 단은 흑 2 로 붙여 왔으므로 백 3 으로 붙여 상황을 보았다. 이것이 타이밍으로서 중요.

흑 6 까지가 되면 장래 백 a 의 삶, b 의 뻗음의 여지를 남겼다. 또한 백 13 에서는 14 로 누르고, 흑 c, 백 13 으로 마무리해야 했다.

포석의 유행성과 독자성

재미있는 사실로 복장이나 생활양식에 유행성이 있듯이 포석에도 유행이 있다.

최근에는 중앙의 바둑이 중시되는 경향이 있어 배석(配石)도 당연히 고위(高位)에 놓게 되는 일이 많다.

중국류의 포석 따위는 그 사고법(思考法)에 매력은 있으나 그것이 최선이라고는 할 수 없다.

그럼에도 불구하고 아마츄어·프로를 막론하고 많은 사람들이 두고 있다. 이것은 역시 유행성이 있기 때문이다.

똑같은 포석을 되풀이 하면 싫증이 나게 된다.

그러나 그러한 유행성에 얽매이지 않고 차라리 자신이 개발한 독자의 포석을 사용한다면 어떨까? 포석의 즐거움은 배가(倍加)할 것이다.

제2장

멜빵형 포석을 이용한
실전 바둑 입문

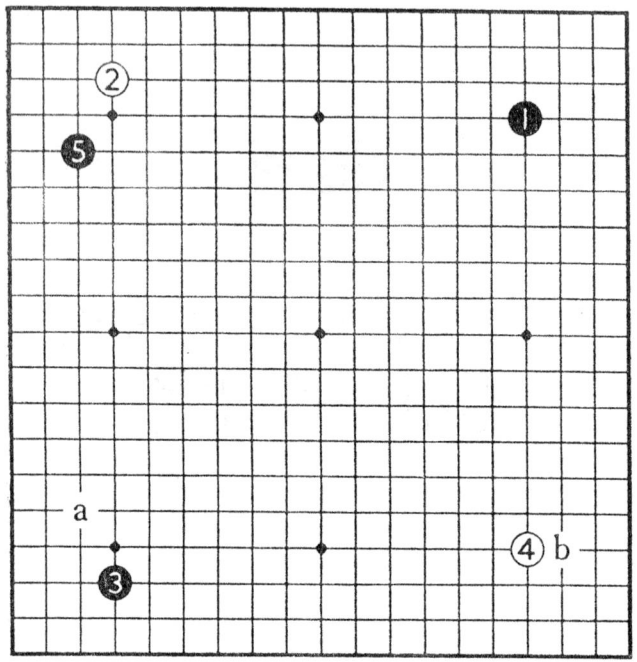

1도

◇ 싸움소목

멜빵형이라고만은 할 수 없으나, 이 형에 자주 나오는 것이 '싸움소목'이라 불리는 포석이다.

1도(기본형)

백 2의 소목에 대해 서로 마주한 형으로 흑 3으로 소목에 두었다는 데서 싸움소목이라는 이름이 붙여졌다.

이 백 2로 흑 3의 대치 관계는 전에 배운 '맞소목'에서도 있었다.

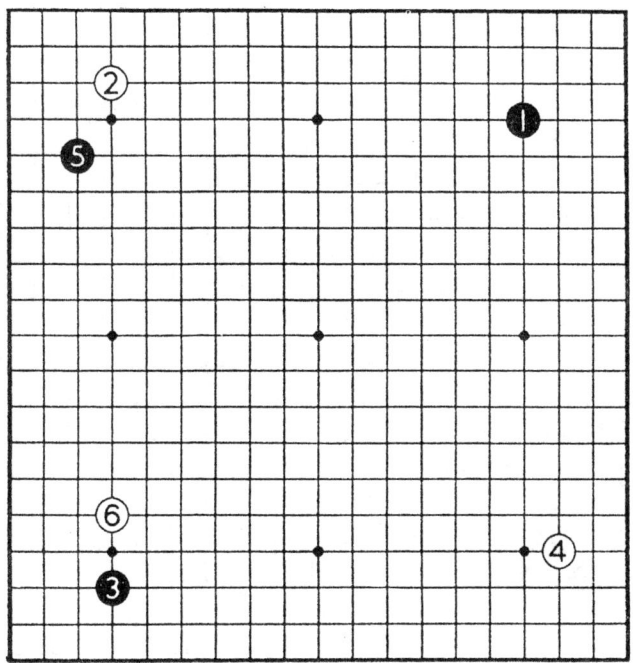

제 1 형

혹3은 종래에는 별로 없었다. 그것은 백에게 a로 먼저 굳히면 좌변에서 뒤진다고 생각되었기 때문이다.

그러나 최근에는 생각이 변하였다. 즉 혹3에 백a로 굳히면 혹4나 b로 세귀를 차지할 수가 있으므로 나쁘지 않다는 것이다. 그만큼 바둑에 대한 견해가 넓어졌다.

○제 1 형

혹5로 걸치고 백도 6으로 걸치는 형을 들어 본다.

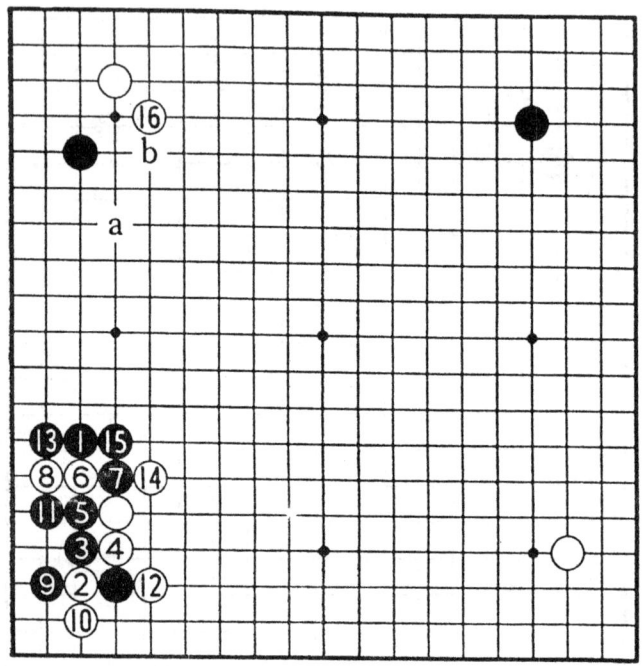

2 도

2 도(흑 쾌조)

혹 1 의 협공에서부터 시작하는 수는 잘 쓰인다.

보통 백 2 로 붙여 혹 3 으로 젖혀내는 정석을 채용하면 백 4 이하 혹 15 까지가 상정된다.

다음에 혹 16 으로 걸치기라도 하면 좌변의 모양이 웅대해지므로 그것을 피하여 백 16 의 마늘모가 상식.

이렇게도 둘 수 있겠지만, 흑a의 받음이나 흑b의 붙임으로도 상당한 모양이 형성되므로 백 2 의 붙임에서 11 로 하방으로 뛰든가 백 14 로 마늘모를 하는 수법이 잘 쓰인다.

또한 2 도의 좌하의 변화를 상정, 그 혹 1 의 협공에서

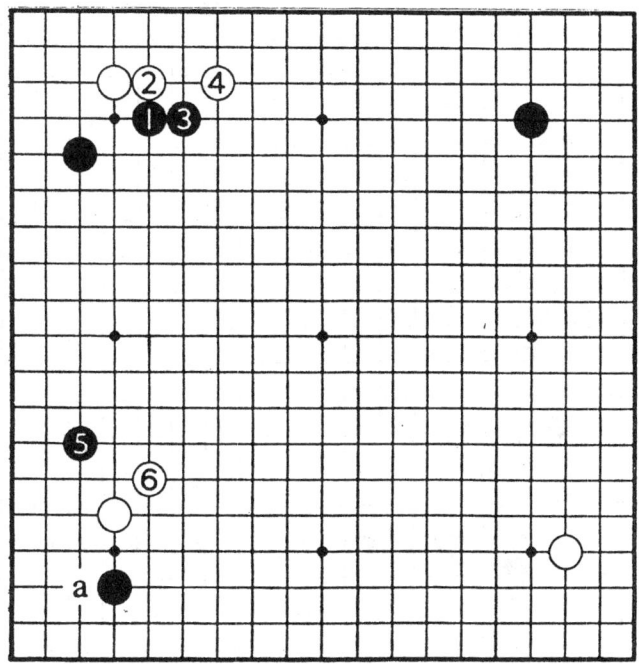

3 도

미리,

3 도(백 마늘모로 대응)

1, 3을 마무리 하고 나서 흑 5로 협공해 간다면 어떻게 될까. 그렇게 되면 백도 a로는 붙이지 않고 6으로 마늘모를 하는 수를 채용하게 될 것이다.

흑 1 · 3은 백에게 집을 주게 되므로 실전에서는 별로 두지 않는다.

따라서 2 도 흑 1의 협공에 대해——

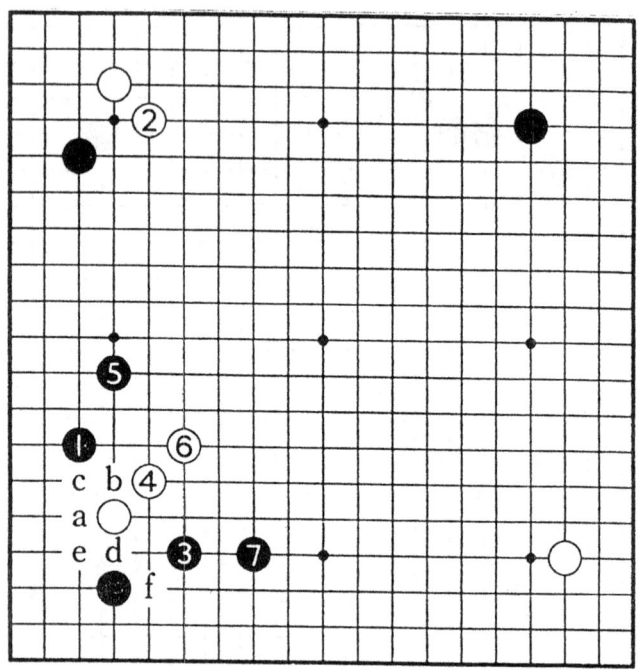

4 도

4 도 (마늘모를 우선)

백 2 로 마늘모부터 온 예는 있다.

다음에 흑a로 넘어가면 백b, 흑c, 백d, 흑e, 백f로 들이 닥치려 하는 것이다. 무엇보다도 흑a, 백b일때 흑은 e로 당기고 있을 지도 모르지만, 흑의 위치가 낮으므로 별로 좋지 않다.

이곳은 흑 3 으로 날일자로 받아 백 1 의 한 점을 크게 공격하는 것이 좋을 것이다. 다음에 흑 4 로 봉쇄되므로 어쩔 수 없이 백 4.

계속해서 흑 5 · 7 이 되면 싸움소목의 효과가 나타나게

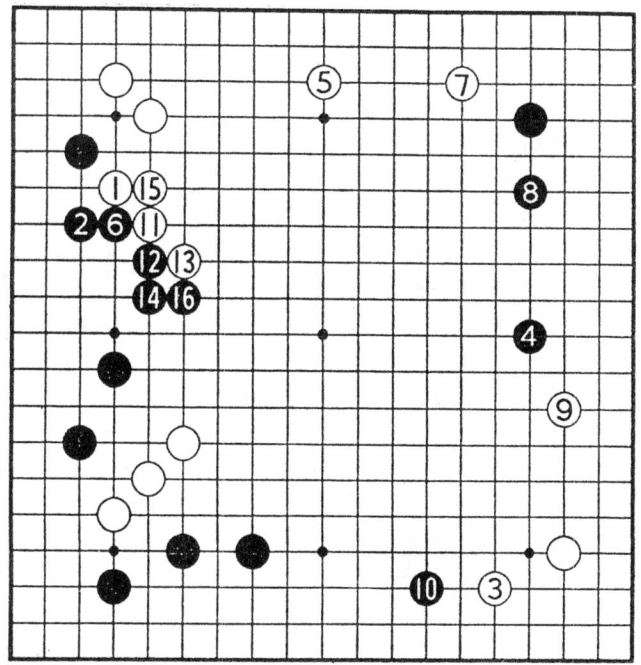

5 도

된다.

이 변화는 제14기 명인전 리그에서 加田克司 9단(백)
과 대전했을 때 생겼다.

5 도(실전례)

4도에 이어서 백은 1의 걸침을 살려 3의 굳힘으로 돌
았다. 흑4는 최대의 큰 곳.

이하 흑16까지로 진행되었는데, 좌하의 백 세 점이 공
중에 떠있고, 흑으로부터의 공격을 보고 있을 뿐 백으로
서는 괴로운 곳이다.

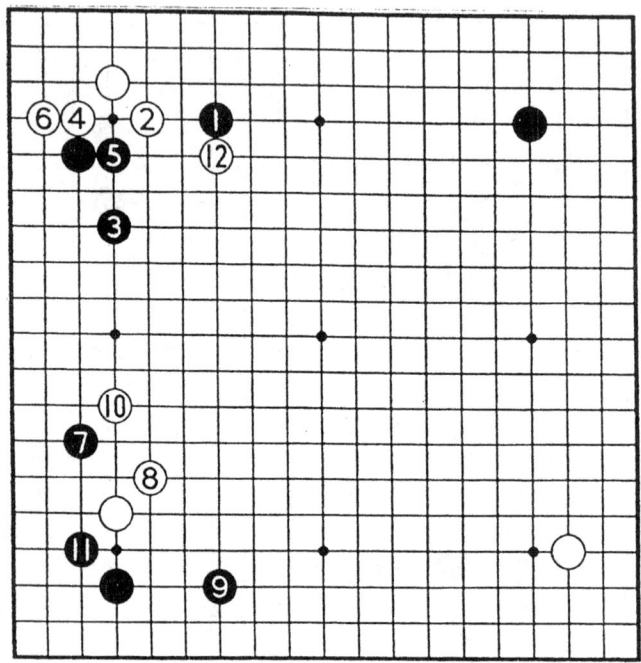

6 도

6 도(실전례)

똑같이 협공하는 것이라도 흑7 로 협공하기 전에 1 부터 끌고 간 예가 있다.

제 3 기 명인전에서 필자(백)가 林海峯 명인에게 도전했던 제 5 국이다.

백은 2 에서 6 까지로 처리해 둔 것이 무리이며 정석이 되고 있다.

여기서 흑7 로 협공해 왔다. 백은 8 로 마늘모를 하여 두텁게 둘 방침. 단 백 10 은 좀 지나치게 두었을 지도 모른다. 흑 11 로 상황을 보아 두게 하여 곤란했다.

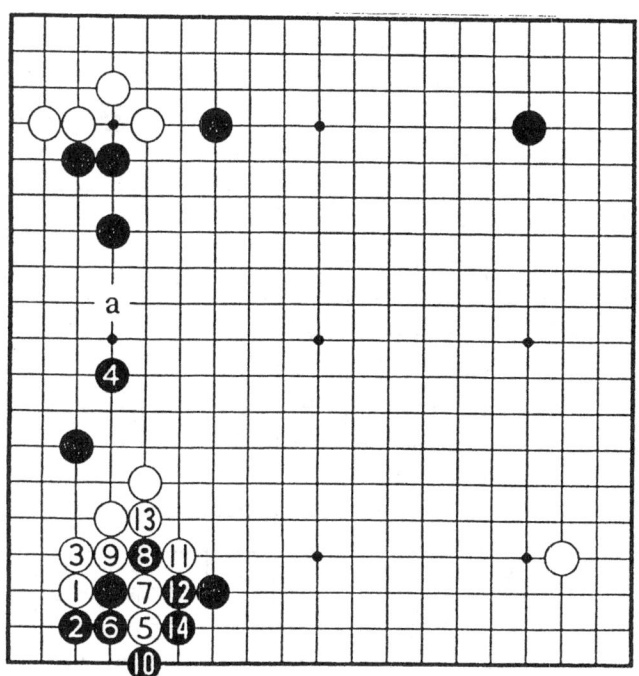

7 도

결국 아래를 방치하고 12의 붙임에서부터 전단(戰端)을 열었는데, 그럼 백 10에서 이렇게 두면 좋았을까

7 도(검토)

백 1로 붙이는 것이 좋았을 것 같다. 흑 2로 받으면 백 3. 이것으로 상하의 흑의 연락은 끊겼다.

흑 4 이하 14까지가 보통. 林 명인은 이 분리는 백이 단자(団子)인데 어떨까 하는 것이었는데, 흑도 저위(백이 2선으로 갔다)이며 또 a로 뛰어들기가 남아 있으므로 백은 봐둔 것 같다.

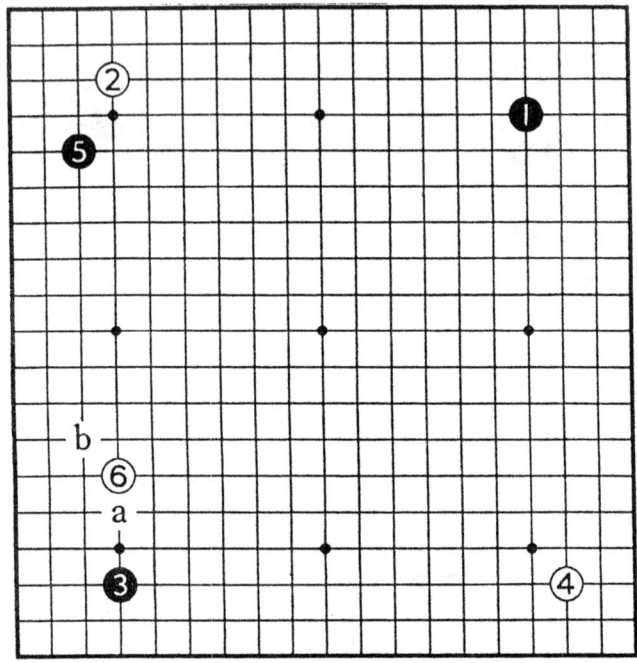

○제 2 형

백 2, 흑 3 이 싸움소목. 이번에는 백 4 를 3 · 3 에 바꾸어 놓아 보았다. 물론 이것은 화점이든 또 소목이든 상관없다.

여기서 받아들이는 것은 백 6 의 두 칸 높은 걸침.

이것으로 백 a 의 한 칸 높은 걸침은 흑 b 의 협공이 꽉 굳히므로 한길 떨어져 다소라도 완화시키려는 발상에서 생겨난 것이다.

그럼 이 후의 방법을 검토해 보자.

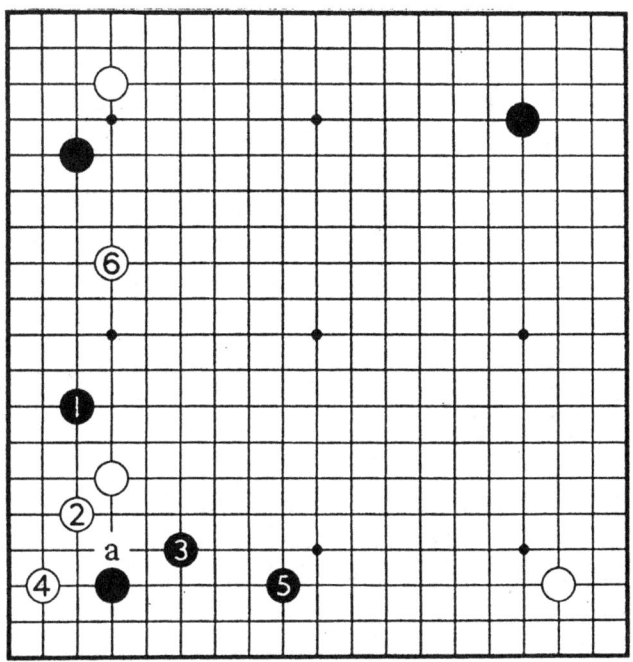

1 도

1도(실전례)

싸움소목에서는 역시 협공하고 싶을 때.

흑 1 이 그것이다. 여기서는 백 2 가 바람직한 취향. 무엇보다도 백a의 붙임 따위도 있다.

이 2 를 이용한 것은 石田芳夫 9 단 제 1 기 명인전에서 필자가 도전했던 제 5 국이었다.

필자는 우하귀가 3 · 3 이라는 사실도 있어 단단히 흑 5 로 벌렸다.

여기서 엄한 백은 6 으로 뛰어들어 왔다.

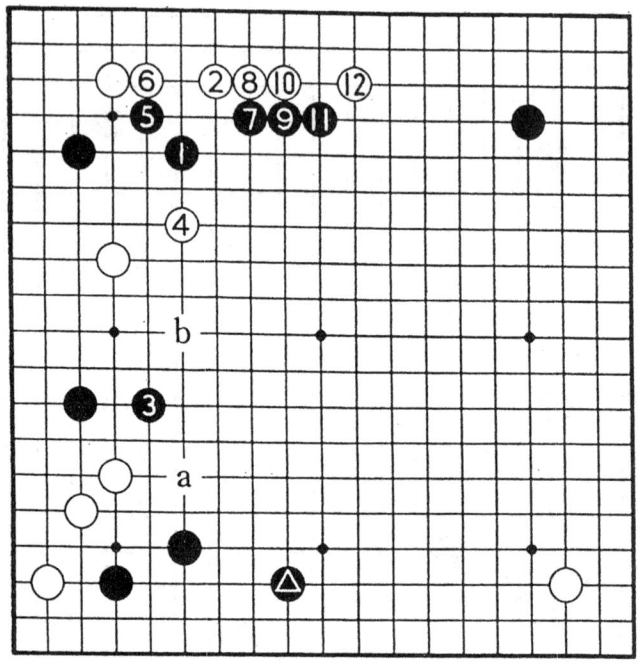

2 도

2 도 (싸움)

혹 1, 백 2 를 교환하고 혹 3 으로 뛰어나온다.

백 4 에서는 a로 머리를 내미는 것이 보통인데, 하변의
● 가 견실한 벌림이므로 뛰어나올 생각이 없었을 것이다.

필자는 5 이하 11 까지로 마무리하고, 백 12 에 대해 혹
a로 봉쇄하였다. 여기에 손을 쓴 것은 나쁘지 않다고 생
각한다.

또한 그 후 백b로 보강하면서 혹의 얇은 맛을 겨냥해 왔
다.

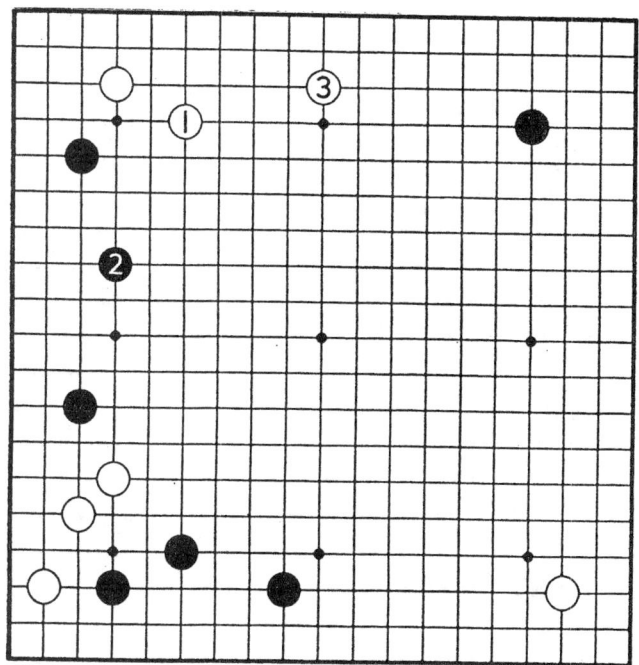

3 도

3도(순조로운 포석)

불과 일착으로 급전이라도 되면 순조로운 포석이 되기도 한다.

백으로서는 느긋한 흐름으로 끌고 가 완전한 바둑으로 만들려는 작전을 세우는 경우가 많다.

그 생각을 기초로 하면 1도 백 6의 뛰어들기에서 본도 1로 받고 있는 수도 있었을지 모른다.

흑이 2로 준비하면 백 3으로 벌리고 있다.

어느쪽이 좋다고는 말할 수 없으나 이것도 있었다.

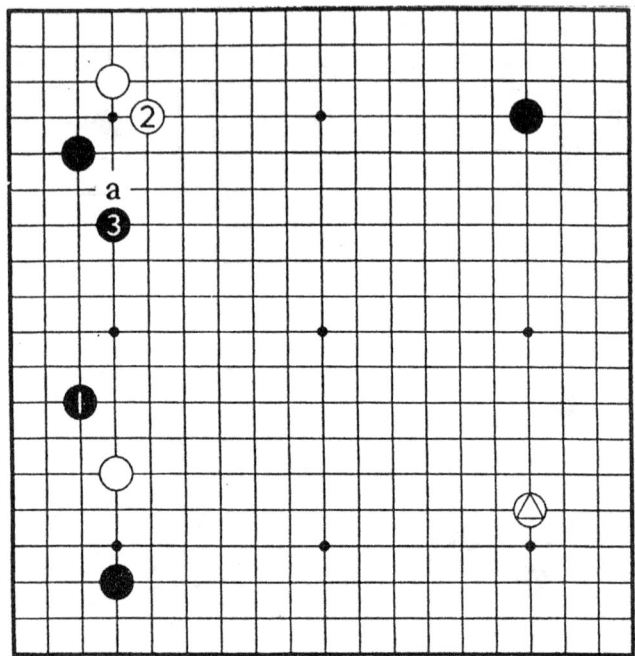

4 도 (실전례)

우하귀의 백◯가 고목에 두고 있는 점만이 다르다.

흑 1 의 협공에 대해 백 2 로 마늘모를 해 온 예도 있다. 흑에서 2 로 걸치는 것을 예방한 것.

흑도 3 으로 응해 백a의 걸침을 피한다.

이 바둑은 제 3 기 기성전, 각단우승전 (9 단부) 2 회전에서 窪內秀知 9 단과 맞섰던 것이다. 필자 흑.

5 도 (진행)

4 도에 이어서 백 1 로 걸쳐 왔다.

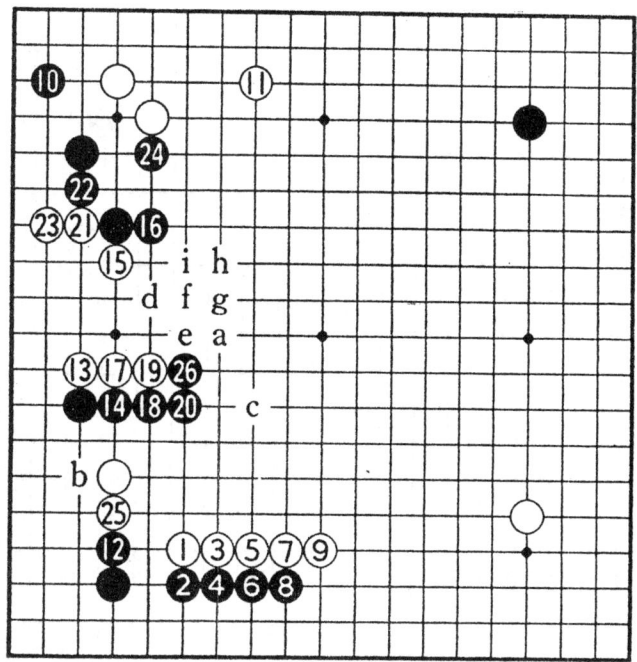

5 도

혹은 2 이하 8 까지로 응해 좌상 10 을 살린 뒤 12 로 모양을 정돈하였다.

백도 25 로 받고 있을 수만은 없어 13 에서 15 로 반발해 왔다.

문제는 백 25 이다.

그래서 백a로 날일자를 하고, 혹에게 b로 건너가게 하여 백c로 중심을 막고 있으면 백은 나쁘지 않았을 것이다.

혹 26 이 문제. 계속해서 백d, 혹e, 백f, 혹g, 백h, 혹 i로 끊고 혹은 단번에 우위에 섰다.

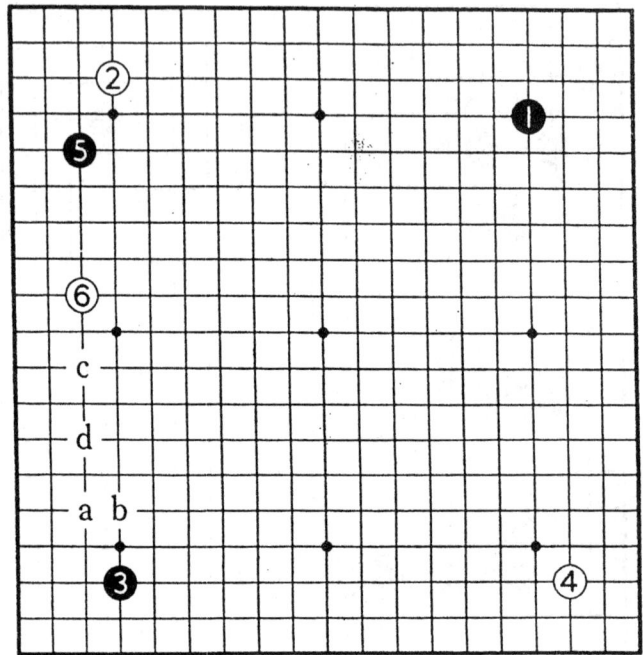

제3형

○제3형

이 흑5의 걸침까지는 이제까지와 비슷한 포석. 단 백4의 3·3이 다를 뿐 '제2형과 똑같다'이다.

이 형의 특징은 흑5의 걸침에 대해 백a, 혹은 백b로 걸치지 않고 백6으로 협공해 간 점이다.

백6에서 a로 걸치면 흑c로 협공하고, 백b로 걸치면 흑d로 협공한다. 후자에 대해서는 이미 배운 바와 같다.

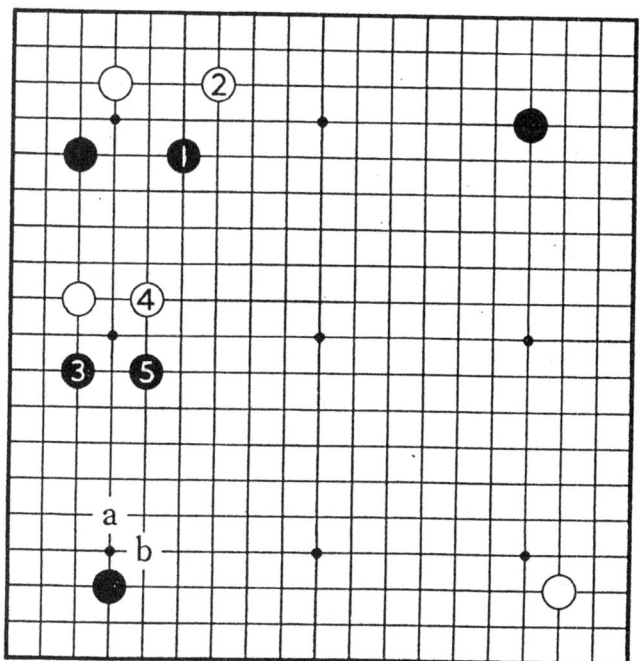

1도(메워벌림)

혹으로서도 가장 평범한 응접은 1로 두 칸에 뛰고, 백 2로 받게 하고 나서 3으로 메우는 수일 것이다.

귀를 a로 굳히지 않고 3·5로 백을 공격하면서 모양을 형성해 가는 것이 바람직한 방법이다.

이 포석은 앞으로의 문제점의 하나가 위쪽의 혹 두 점의 수습. 또 하나는 좌하귀의 혹모양을 둘러싼 공방일 것이다.

혹이 지금 한 수, a나 b로 걸치기라도 하면 상당한 혹집이 정돈될 것이다.

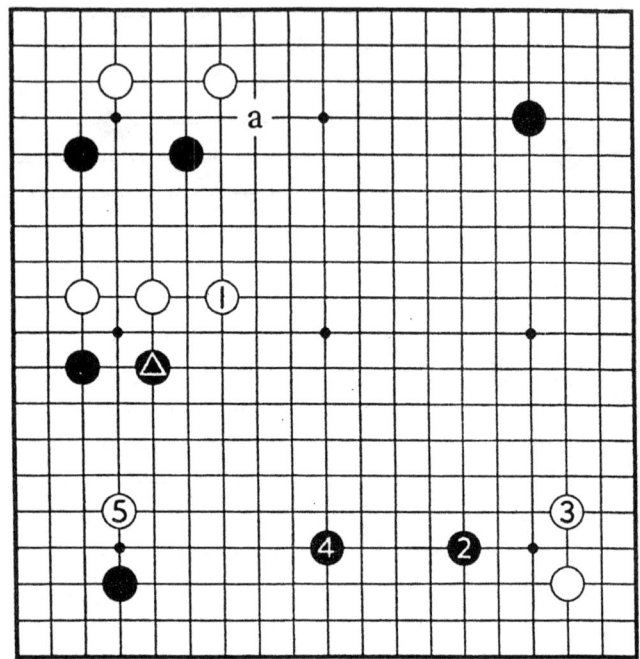

2 도

2 도 (실전례)

1 도 혹 5, 즉 본도 ●의 수에서 a로 걸쳐 가는 수도 있었을 것이다.

그러나 하변의 모양을 중시한다면 백 1의 뜀을 유인하여 혹 2·4로 준비하는 것도 상당한 수법이다.

이 바둑은 제36기 본인방전 리그에서 酒井猛 9단(백)과 林海峯 9단이 두었던 것이다.

백은 지금의 모양으로 들어갈 찬스. 5로 걸쳐 갔다. 계속해서 다음——

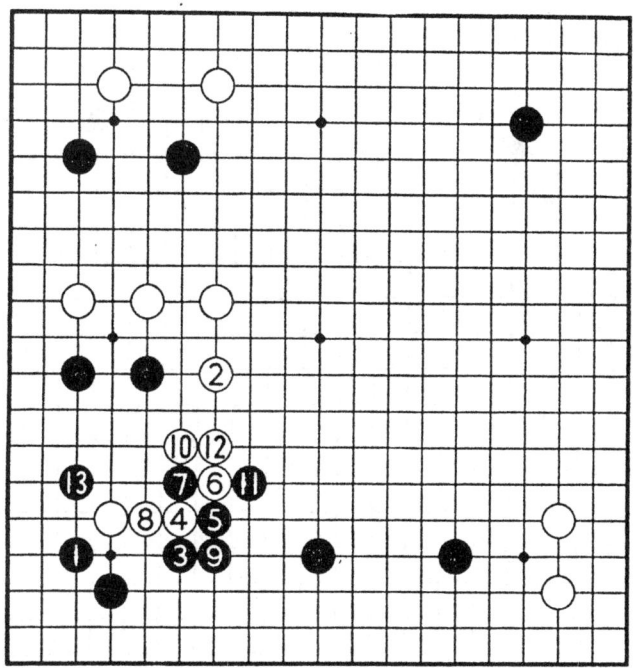

3 도

3 도 (모양내의 공방)

흑 1 로 마늘모를 하였다.

백은 2 로 뛰어 굽히고, 흑 3 에 백 4 이하 12 까지로 연락하며, 한편 흑은 13 까지 하변을 중심으로 흑집을 만들었다.

◇ 학습의 포인트 6

(1) 싸움소목에서는 당연하지만 먼저 상대의 소목에 걸친 쪽이 유리하게 전개된다.

(2) 뒤진 쪽은 어떻게 피해를 최소한으로 줄이느냐가 승부.

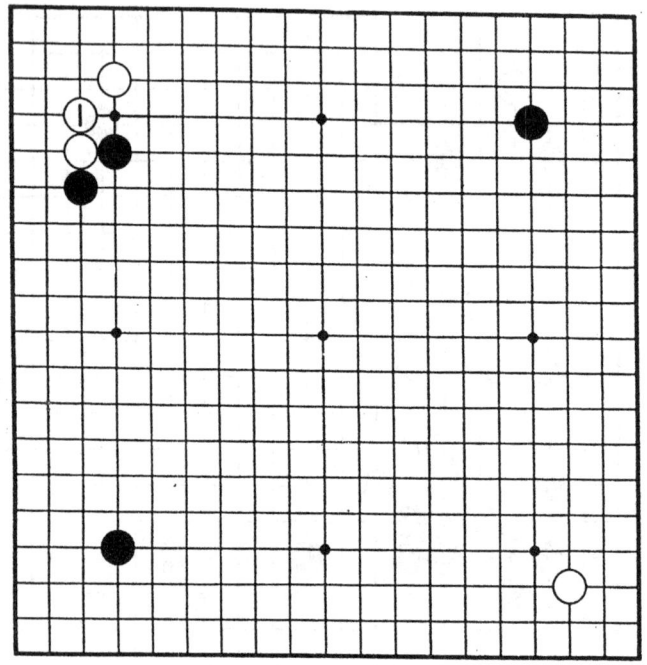

제1문

○연습문제

【제1문】 흑

멜빵형에서 생기는 포석이다.

지금 좌상귀의 절충으로 백이 1로 당긴 순간.

여기서 흑은 상식적으로 어떻게 두면 좋을까. 일단락까지 예상해 보면?

《힌트》기본정석

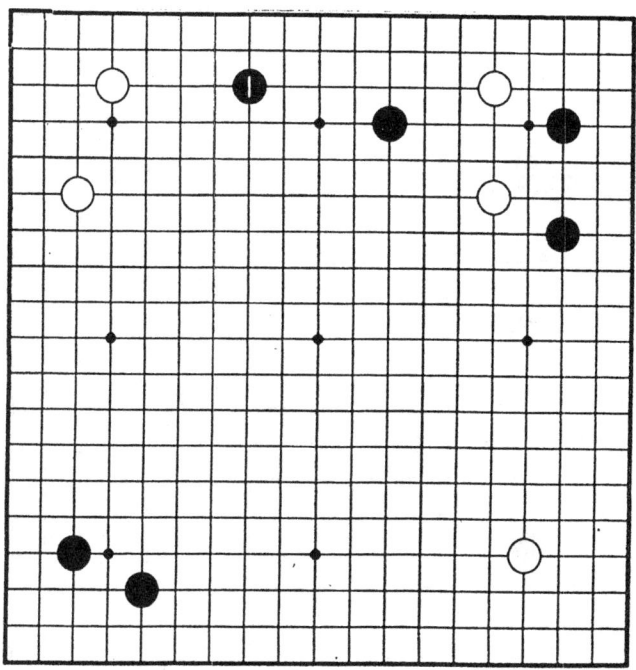

제 2 문

【제2문】백

혹이 1로 벌려 왔다. 다음은 백차례인데 프로라면 거
의 다음의 두는 수는 이것——이라 느끼는 엄한 한 수가
있다.

그 한 수란?

《힌트》혹1로 벌린 그 주변.

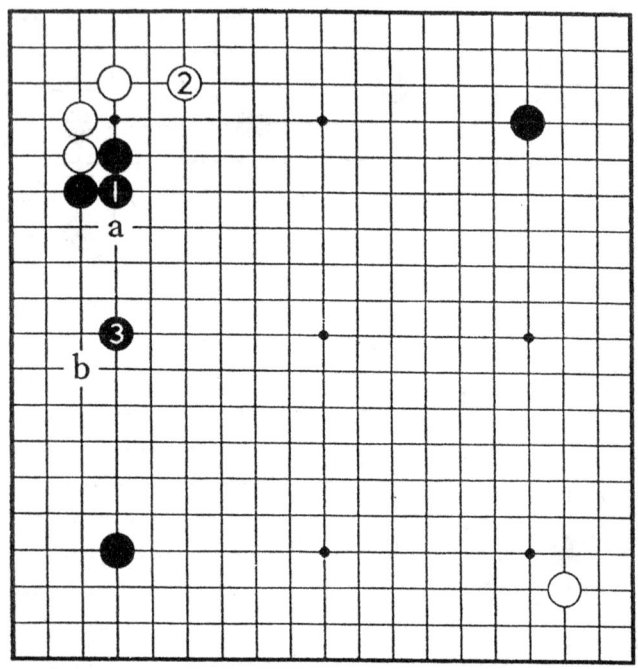

◇ 연습문제 해답

【제 1 문】

흑 1 로 단단히 잇는 것이 상식이다. 백에 2 로 대비하게 하여 흑 3 으로 준비한다.

흑 3 으로 좌하귀의 화점과의 사이도 좋고 좌변에서의 흑의 준비는 아주 훌륭하다.

또한 흑 1 에서는 a 로 걸쳐 잇고, 백 2 일 때 흑 b 로 준비하는 수도 있을 것이다. 이것도 정해라 한다.

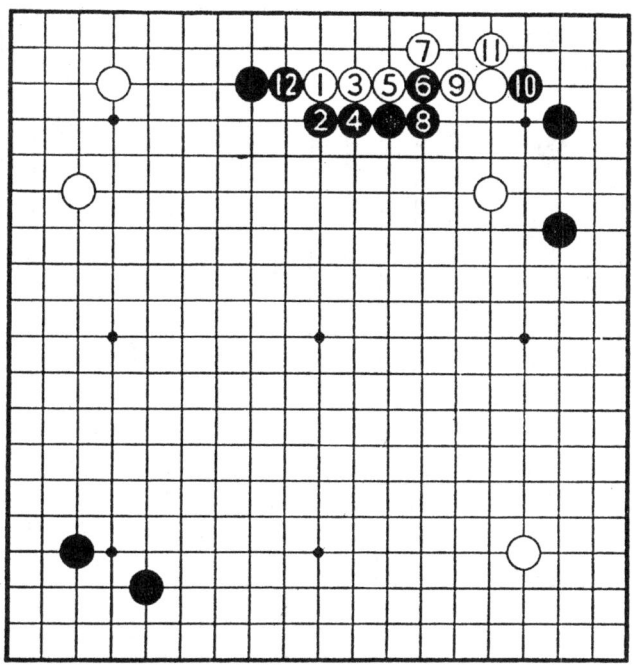

【제2문】

조금 어려울 지도 모르지만 이곳은 어쨌든 백 1 로 뛰어
들어 보고 싶은 기분이 드는 곳이다.

이 바둑은 멜빵소목의 항에서 이미 나온 변화이다.

백은 필자. 흑은 조치훈 명인으로 2 의 위붙임에서 흑
12 까지로 변화하였다.

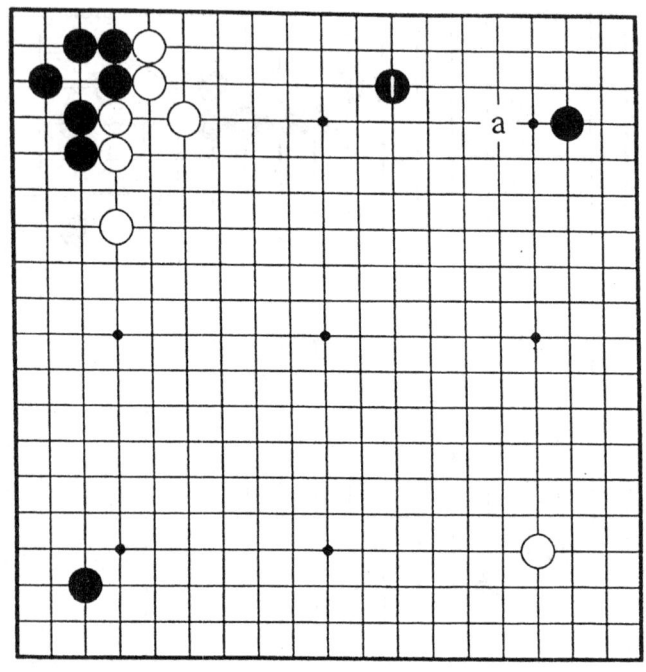

제 3 문

○연습문제

【제 3 문】 백

혹이 1로 넓게 벌려 왔다.

실전에서는 백a로 걸쳐 갔으나 아무래도 혹의 의도에 넘어간 느낌이며, 따로 좋은 방법은 없을까.

《힌트》 두 수 두면 충분.

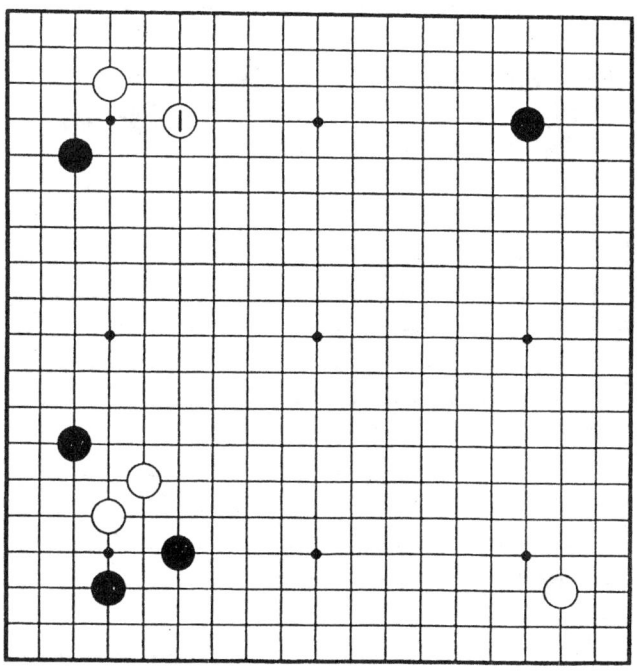

제 4 문

【제 4 문】흑

백 1 로 날일자로 준비했다.

그렇다면 흑은 여기서 어떻게 두면 임한 수가 될까?

《힌트》좌하귀의 백 두 점이 아무래도 불안정.

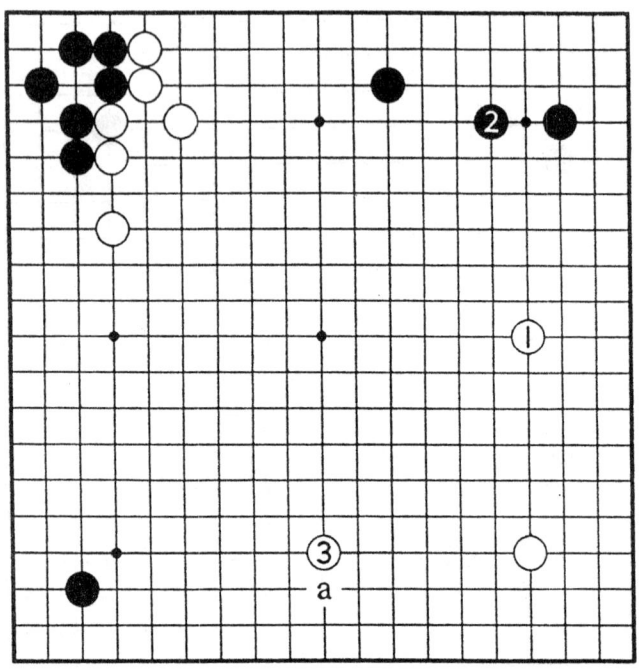

◇연습문제 해답

【제3문】

백1의 큰 곳을 차지하고 흑2로 굳히면 백3으로 하변의 큰 곳을 차지한다.

양쪽의 호점을 둘 수 있으므로 나쁠 이유가 없다.

또 흑2에서 a를 차지해오면, 이번에는 백2로 걸친다. 1의 원군이 가까이에 있으므로 흑의 힘든 싸움이 된다.

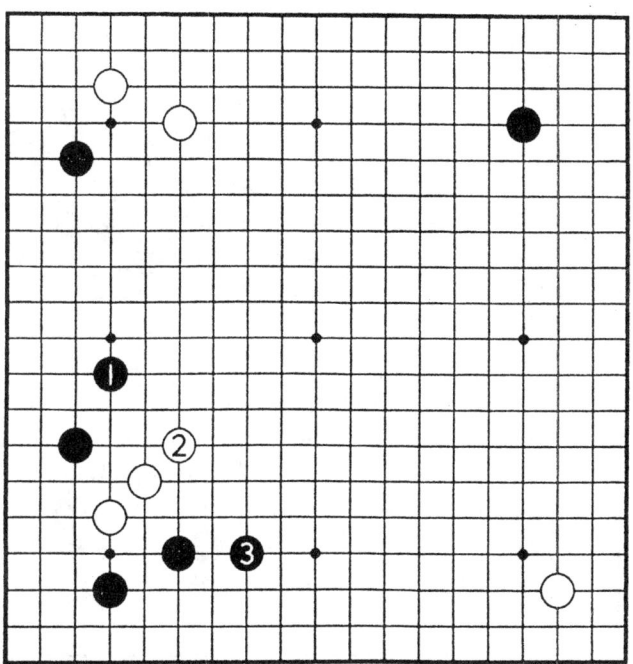

【제4문】

혹 1로 날일자를 하여 백 두 점으로의 공격을 노린다.

백은 2로 마늘모 하여 중앙으로 진출하는 정도.

혹은 3으로 모양을 정돈하면서 또한 백으로의 공격을 계속한다.

이런 점은 약점으로 다른 큰 곳보다도 우선시키지 않으면 안된다.

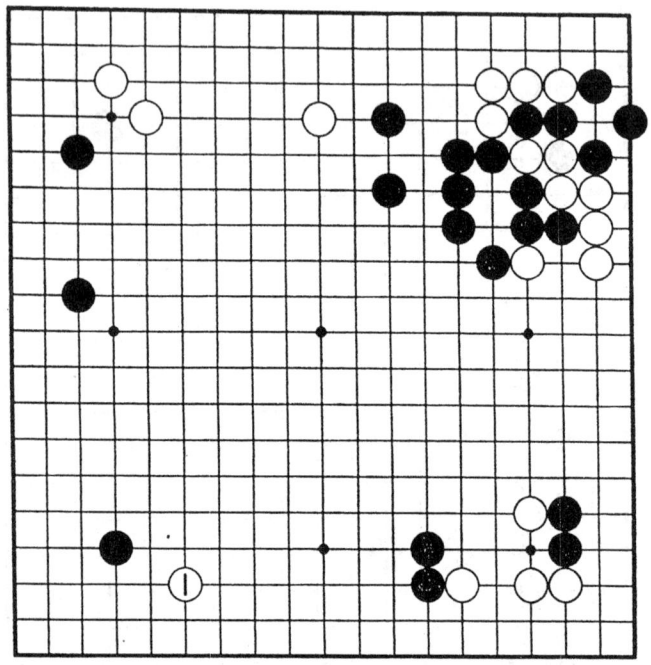

제 5 문

○연습문제

【제5문】흑

우상의 싸움, 우하의 싸움으로 전전하여 슬슬 좌하에서 싸움이 시작된다.

백1로 걸쳐 왔는데 흑은 여기서 어떻게 두는 것이 엄한 수가 될까?

《힌트》자칫하면 하변 중앙의 흑 두 점이 위험에 빠진다.

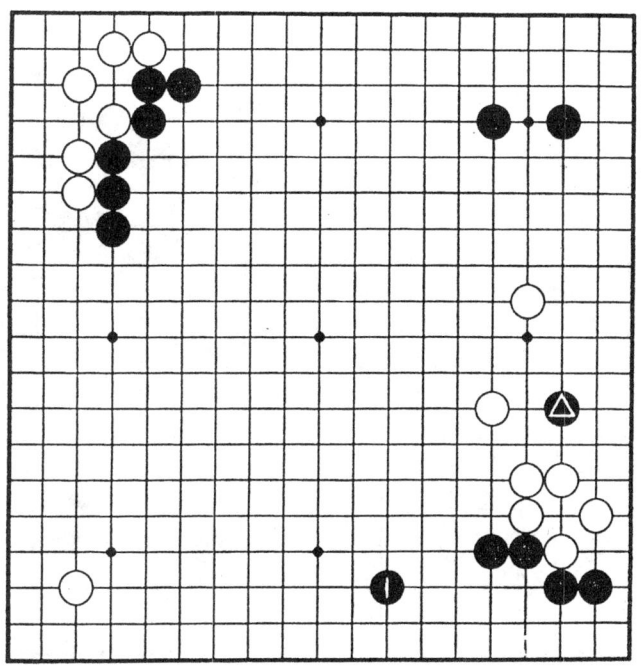

제 6 문

【제 6 문】 백

우하에서 흑 1 로 뛰어서 흑도 무엇인가를 계획하였다.

여기에서 백은 어느 곳을 쳐야할 것인가? 이것이 바로 이 문제의 테마이다.

《힌트》우변의 ●의 한 점은 아직 완전하게 잡혀있지 않다.

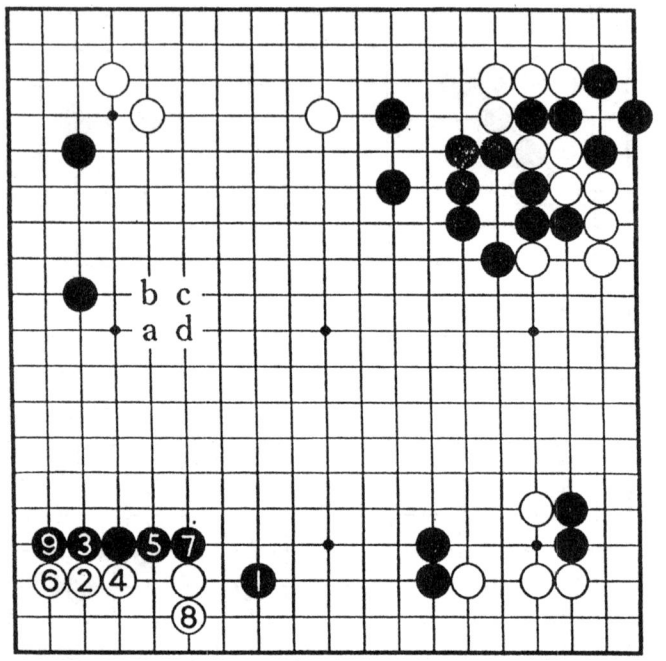

◇연습문제 해답

【제5문】

혹1로 협공해 갈 때이다.

백으로서는 혹의 세력하이므로 2로 3·3에 들어가는 정도이다.

그래서 혹은 3에서 누르고 이하 9까지로 벽을 바른다.

실전에서는 이 후 백a로 제거에 착수, 혹b, 백c, 혹d로 잘못 끊고 싸움에 돌입하였다.

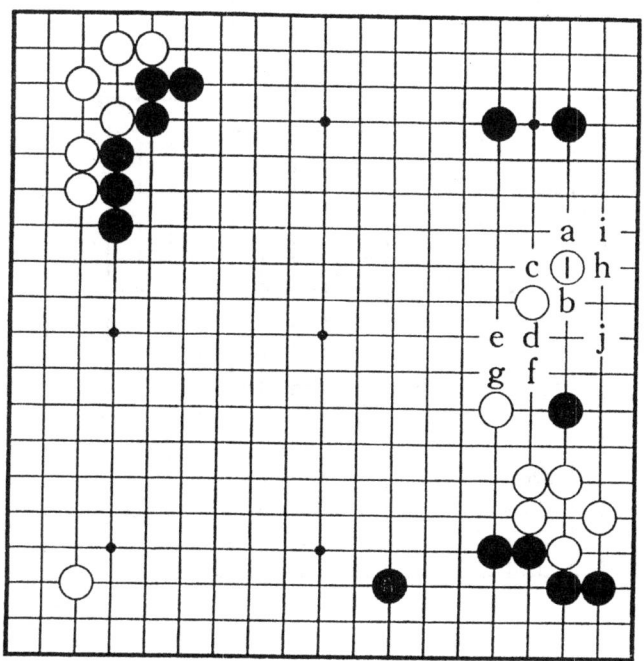

【제6문】

백 1로 마늘모를 하고 있는 것은 묘수라 한다. 이것으로 우변의 백집은 거의 확정되었다.

이러한 수는 가령 포석에서 상당한 큰 곳이 남아 있더라도 한 수 빼놓지 않으면 안된다.

또한 백 1에서 a까지 욕심내면, 장래 흑이 b로 붙이고, 백c에 흑d…… 이하 기호순으로 흑j 까지 사는 수가 남는다.

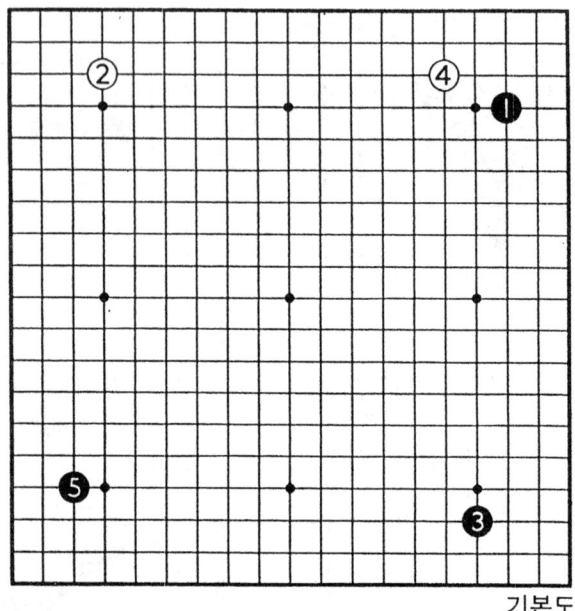

기본도

● 秀策流의 포석에 대하여

'秀策流'라 불리는 포석은 옛날부터 두어 오던 것을 江戶 말기의 수재 桑原秀策(1829 ~ 1862)이 계통을 세운 것이다. 明治 이후 오늘날까지 이 포석은 많은 기사에 의해 이용되어 왔다. 그러나 그 후 덤 공제의 제도가 생기고 나서부터 다소 이용법에 변화가 나타나게 되었다.

즉 5집 반의 공제가 있기 때문에 완전한 바둑이 되어 그 공제에 걸릴 위험성이 생긴 것이었다.

제3장

秀策流의 포석을 이용한
실전 바둑 입문

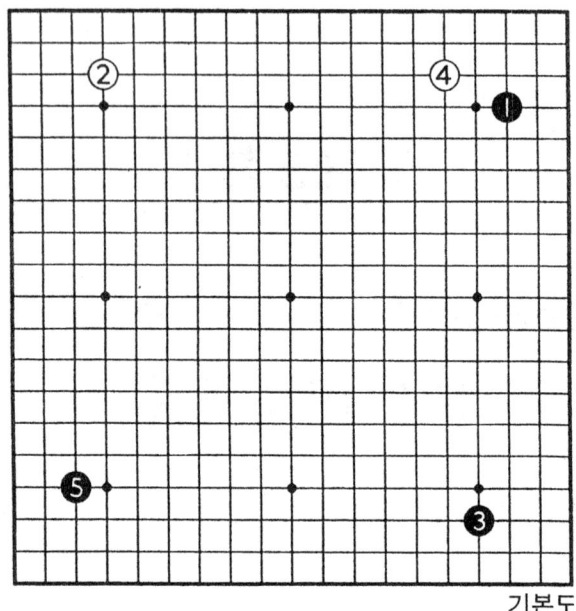

기본도

● 秀策流의 포석에 대하여

'秀策流'라 불리는 포석은 옛날부터 두어 오던 것을 江戶 말기의 수재 桑原秀策(1829~1862)이 계통을 세운 것이다. 明治 이후 오늘날까지 이 포석은 많은 기사에 의해 이용되어 왔다. 그러나 그 후 덤 공제의 제도가 생기고 나서부터 다소 이용법에 변화가 나타나게 되었다.

즉 5집 반의 공제가 있기 때문에 완전한 바둑이 되어 그 공제에 걸릴 위험성이 생긴 것이었다.

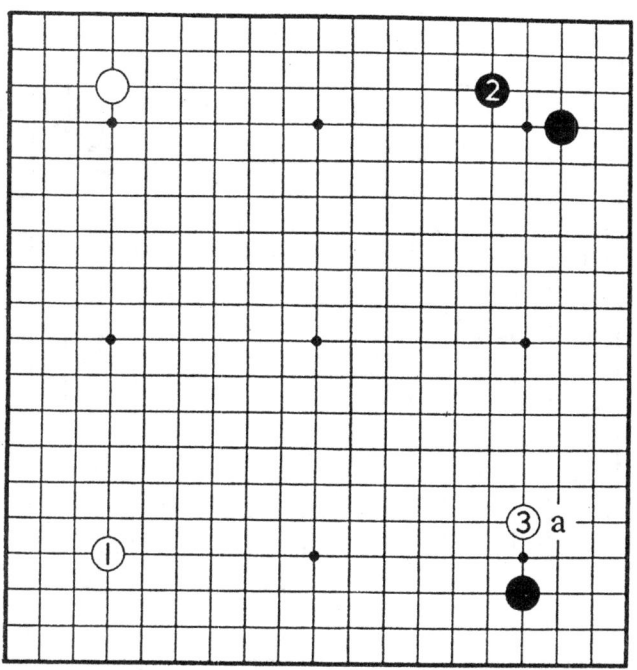

1 도

기본도 흑1·3·5가 소위 '秀策流'이다. 선수로 재빨리 세 귀를 점거하려는 것이다.

최근에는 빈 귀를 중시하는 경향이 강하고, 따라서 흑에게 세 귀를 허용하는 포석은 극히 적어졌다.

기본도 백4의 걸침에서,

1도 (현대 포석)

백1 등으로 최후의 빈 귀를 차지하면 흑은 소위 '秀策流'의 포석을 둘 수가 없다.

필연적으로 흑2로 굳히는 현대 포석으로 환원된다.

백은 3, 흑은 a로 걸쳐 가게 되는데 이 형은 이미 앞

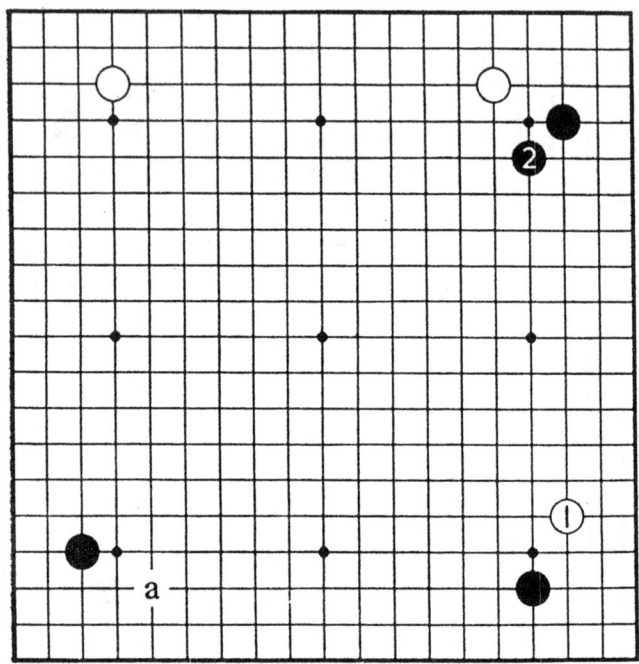

2 도

에서 이야기하였다.

2도(秀策의 마늘모)

기본도에 이어서 백 1로 걸치는 것이 가장 평범(백a도 있다)한데, 그렇다면 흑 2로 마늘모를 한다.

이 마늘모가 '秀策의 마늘모'로 불리는 수법으로 秀策은 '바둑의 규칙이 변하지 않는 한 이 마늘모는 언제까지나 호수(好手, 좋은 수)로서 계속 두게 될 것'이라는 의미의 말을 했다고 한다.

그럼 흑 2의 마늘모의 의미, 그 작용 등에 대하여 이야기 하기로 한다.

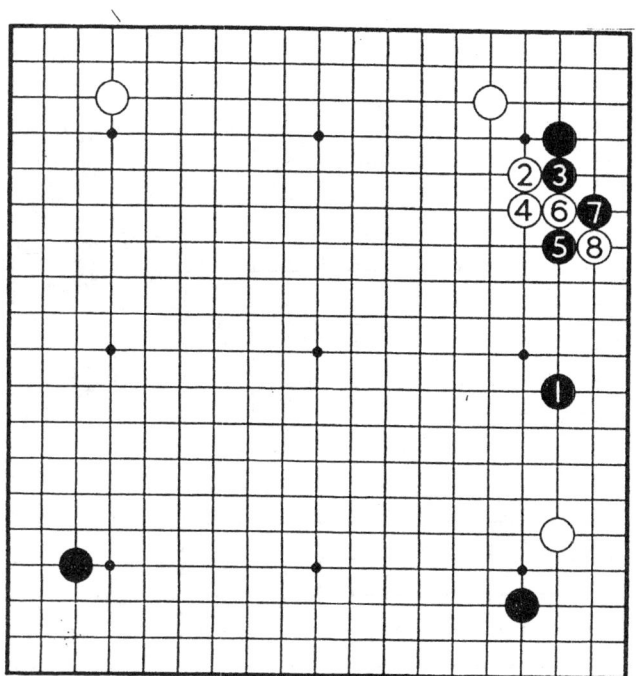

3 도 (걸침)

2 도 흑 2 의 마늘모에서 느닷없이 본도 1 로 협공해 가면 백 2 의 걸침이 호수가 된다.

흑 3 · 5 는 정석.

여기서 바로 백 6 의 등장에서 8 로 쳐들어가는 수가 유력해진다.

계속해서——

4 도 (중복과 저위)

흑 9 의 감쌈에 백 10 의 단수를 살려(흑 11 의 이음에서 13 으로 빠지면 물론 백 11 로 단수로 압박한다), 백 12 에

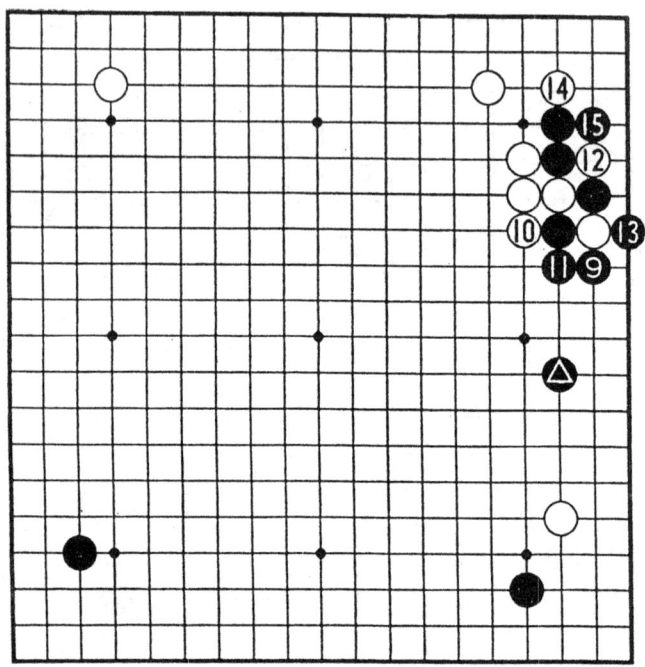

4 도

서 14 를 살리는 것이다.

혹 15 까지의 결과를 보면 혹돌은 약간 고리모양이며, 저위를 기게 되는데, 그 이상으로 먼저 둔 ●과의 중복이 눈에 띤다.

포석의 단계에서 자군의 돌이 이상하게 접근하고 있는 것은 고리모양, 또는 중복이라 해서 바람직하지 못하다.

하나 더 전체의 저위도 걱정된다. ●의 한 점도 포함하여 혹은 제 3 선에서 아래쪽으로 돌이 치우쳐 있다.

즉 3 도 백 2 의 걸침을 피하려는 것이 秀第의 마늘모였다.

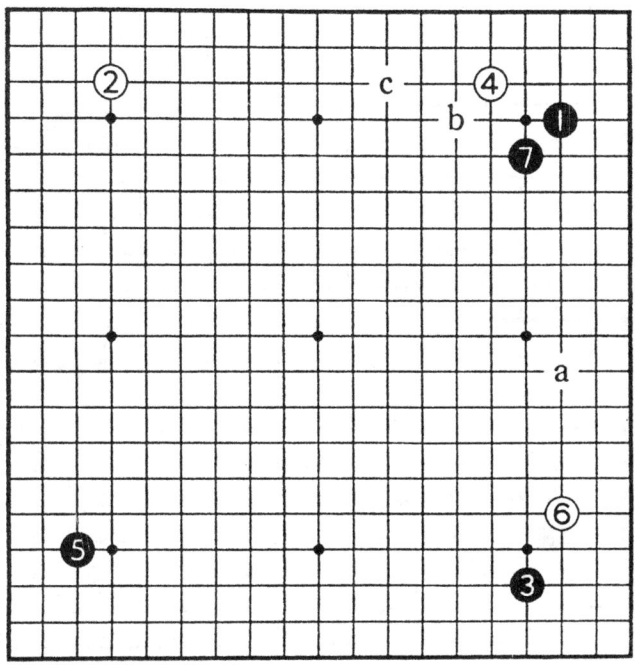

제 1 형

1. 고전형

秀策流의 가장 큰 특징은——

(1) 흑의 포석.

(2) 세 귀를 차지한다.

(3) 두터운 秀策流의 마늘모.

이상의 세가지이다.

덤 공제의 제도가 발족되고 나서 생각도 바뀌어 왔으나 여전히 사용하는 기사도 있다.

○제 1 형

앞에서도 이야기한 바와 같이 백 6 으로 걸쳤을 때 흑 7

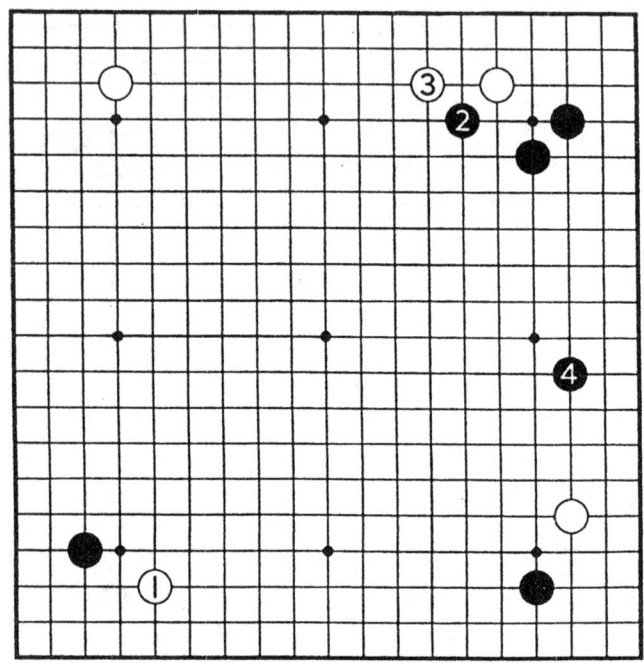

1도

로·마늘모를 하여 위치를 높이 유지하려고 하는 것이 특징
이다.

　흑7은 백7의 걸침을 막고 다음에 a의 협공, b의 걸침,
c로부터의 협공을 노려 작용한 수이다.

　게다가 마늘모 자체가 극히 견고하다는 것으로 포석 단
계에서도 훌륭한 일착이라 할 수 있다. 예를 들면,

　1도(흑의 구도)

　백이 1로 걸치면 흑2를 살려 4로 협공하는 것　같은
구도를 생각할 수 있다.

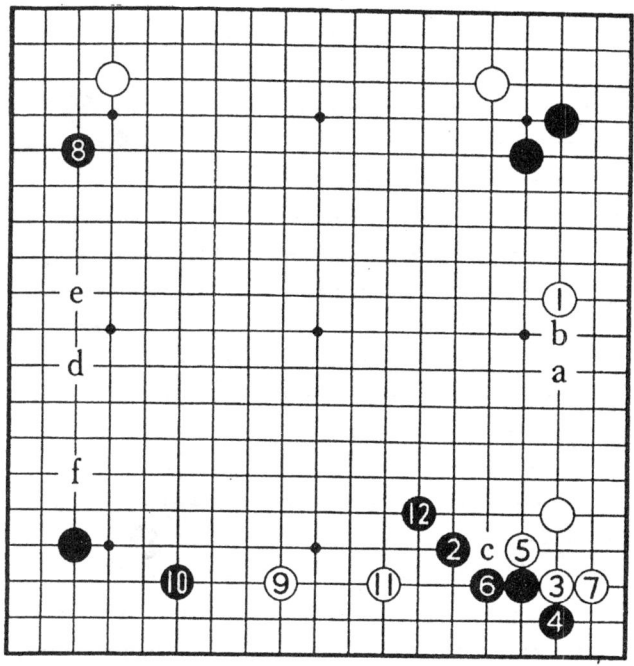

2 도

2 도(실전례)

제 1 형에 이어 흑a의 협공을 꺼려 백 1 (b도 있다)로 벌리는 것은 상법.

흑 2 는 백으로부터의 c의 걸침을 피하려는 수이다. 이 흑 2 에서 c로 마늘모를 하는 수(이것도 秀策의 마늘모)도 성립한다.

그리고 백 3 이하의 순서로 진행된 것은 弘化 9 년에 둔 桑原秀策(선)과 본인방 秀和의 일국이다.

백 3 이하 7 로 굳힌 것은 흑이 a로 뛰어들었을 때의 전

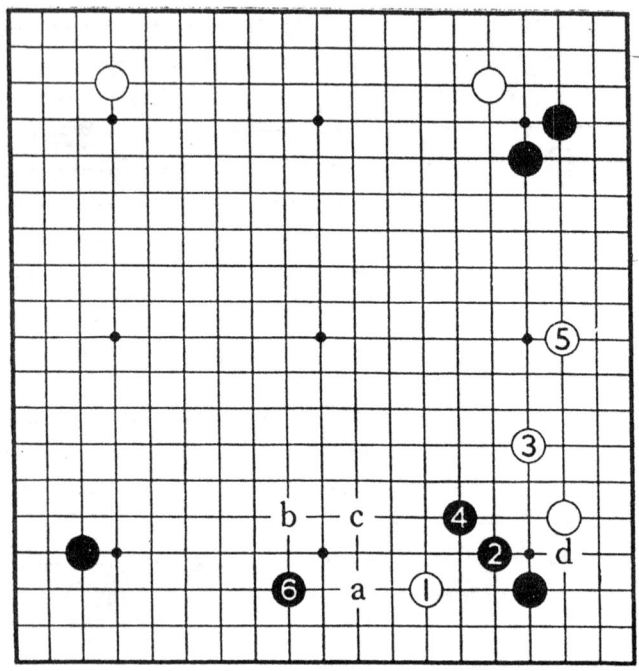

3 도

준비(前準備). 우하귀를 굳혀두면 뛰어들기도 불안은 없다.

혹 8 의 걸침 이하 혹 12 까지로 나아갔다. 또한 이 후, 백 d로 가르고 혹e, 백 f인 진행을 걸쳤다.

또 백 1 의 벌림에서,

3 도(실전례)

백 1 로 협공해 변화한 예가 있다. 역시 桑原秀策이 본인방 丈和와 대국했던 때의 것이다.

혹 2 · 4에서 6 으로 협공하는 진행을 보여 주었다. 계속해서 백a, 혹b, 백c, 혹d로 진행한 것이다.

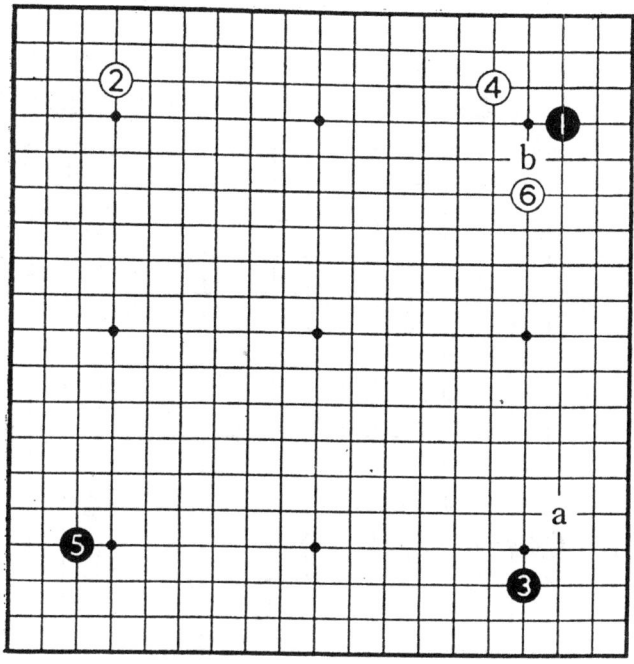

4 도

4 도 (마늘모를 거부)

흑 5 까지는 이제까지와 똑같다.

여기서 백은 a로 걸치지 않고 6 으로 대각선으로 걸쳐 가는 수는 충분히 생각할 수 있다.

백a라면 흑b의 秀策의 마늘모가 빤히 들여다 보인다. 그 것을 거부하고 갑자기 우상귀에서 전투를 개시하려는 것 이다.

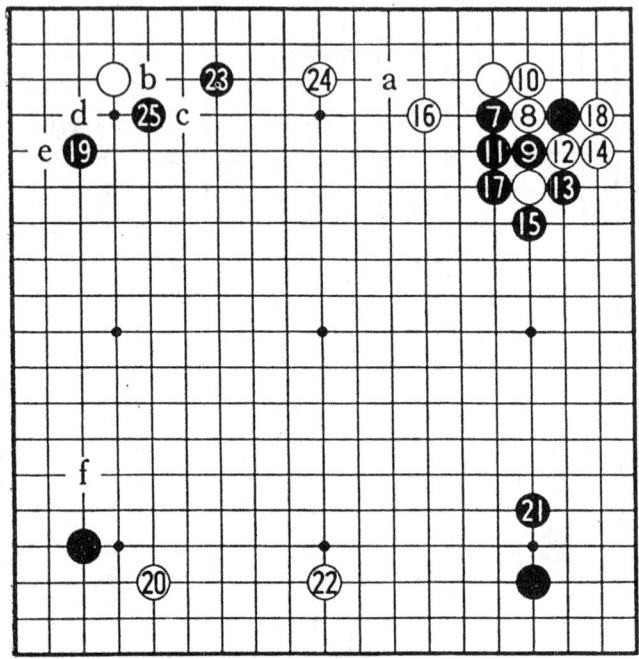

5 도

5 도 (실전례)

4 도에 이어서 흑 7 로 붙여 진행된 일례를 들어 둔다.

秀策은 흑 11 로 위를 잇고, 이하 백 18 까지 선수를 쥐고 흑 12 의 걸침에 선착하였다.

흑 23 의 협공에 백 24 로 메웠는데 흑이 25 로 걸치게 하는 것은 좋지 않을 것이다. 백으로서는 24 에서 25 로 마늘모로 나오고, 흑 24 로 벌리면 a의 마늘모가 필요해진다. 이것을 꺼린 것으로 생각된다.

흑 25 에 이어서 백 b, 흑 c, 백 d, 흑 e, 거기서 백 f 인 경과를 거쳤다.

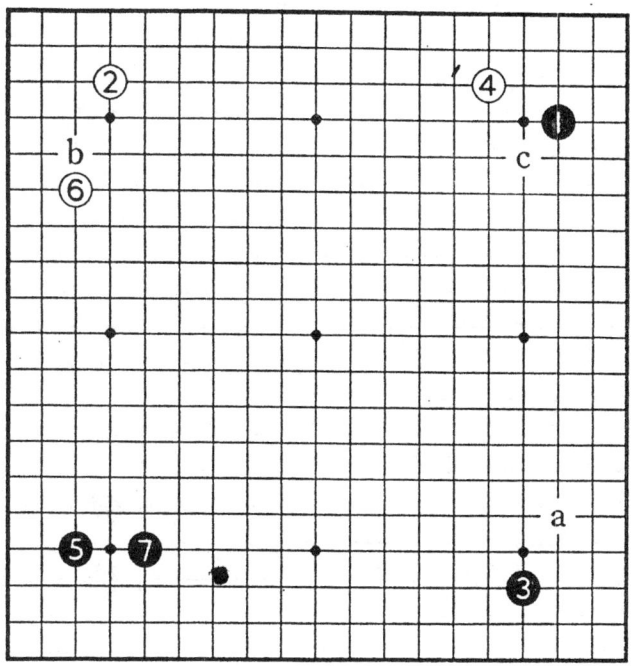

○제 2 형

이제까지는 백 6 에서 a로 걸치는 형을 들어 왔으나 백의 착수는 a뿐이라고만은 할 수 없다.

우선 눈에 띄는 것이 백 6 혹은 b의 굳힘.

혹도 7 로 굳힌다. 7 에서 우하를 a로는 굳히지 않는다. 백c의 걸침을 볼 수 있기 때문이다.

이것도 일국의 바둑인데, 혹이 세 귀를 점거한 이익은 역시 적지 않다.

또 6의 굳힘에서,

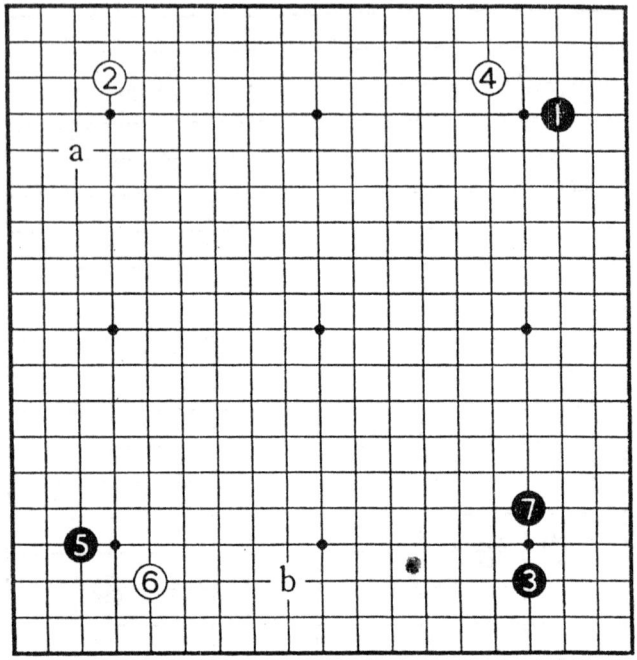

1 도

1 도 (걸침에 선착)

백 6 에 선착하는 것도 생각할 수 있다.

다음에 혹은 a의 걸침이나 7 의 굳힘을 향하는 것이 보통일 것이다.

혹 7 의 굳힘은 다음에 혹b의 절호의 협공을 보고 있다.

秀策流에서는 제 2 형의 혹 7 혹은 1 도 혹 7 과 같이 한 귀를 굳히는 것이 유력한 케이스로 적지 않다.

세 귀의 소목을 차지하고 있으므로 한 귀 정도는 굳혀 두는 것도 효과가 있다.

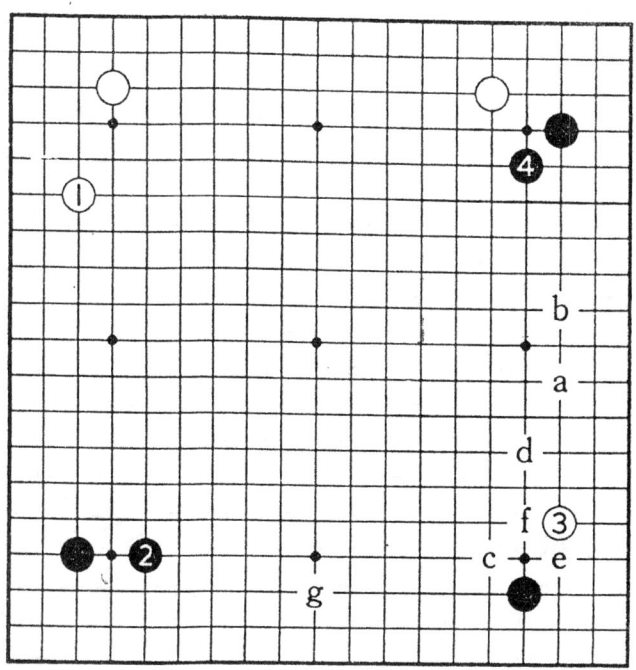

2도(백 굳힌다)

秀策流의 포석에 백1로 굳히면 흑2. 이것은 제2형에서 나타낸 것과 같다.

이 후 걸침으로 남아 있는 것은 3뿐이다. 백3으로 걸쳐 보기로 하자.

여기서 흑4로 마늘모를 하면 우변의 진행에 관해서는 이미 이야기한 바와 같다.

다음에 흑a의 협공이 절호점이 되므로 백b로 벌리면 흑은 우하를 c로 마늘모한다. 백c의 걸침을 피하기 위해서이다. 계속해서 백d로 준비하면 흑e, 백f, 흑g인 진행이

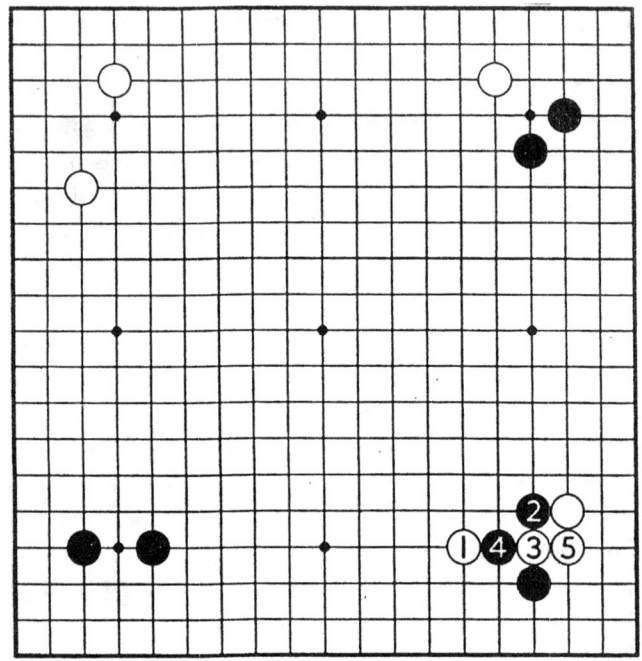

3 도

예상된다.

여기서 백이 어떻게 두면 최선인가는 어려운 일인데, 예를 들면,

3 도(실전례)

백 1로 대각선으로 걸친 실전례를 들어 본다.

이것은 弘化 3년에 桑原秀策(선)이 井上因碩과 두어 '귀지의 한 수'로서 후세에 남겨진 유명한 대국이다. 秀策이 大阪를 여행할 때 거기에 살고 있던 因碩을 방문하여 이 바둑을 두게 되었다.

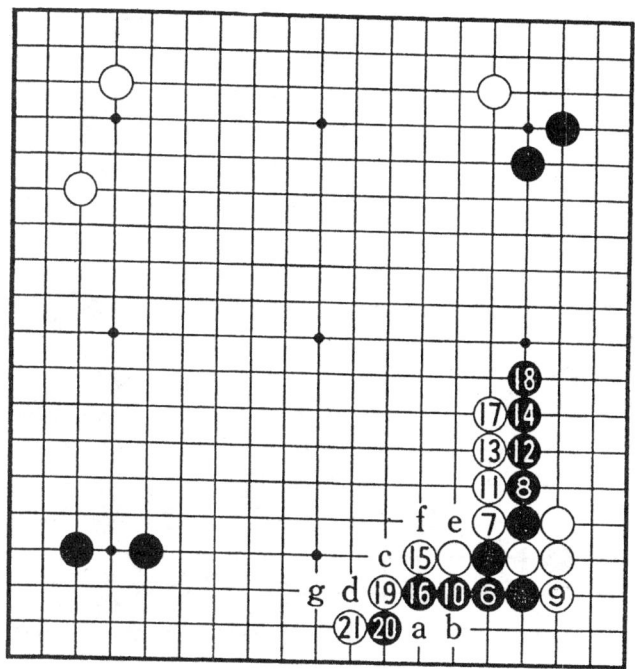

4 도(난해)

이 대사(大斜) 걸침은 수백수천가지로 변한다고 불리울 정도의 난해정석이다.

축관계도 얽혀 엄청난 변화를 지니고 있다. 따라서 여기서 어떻게 두면 좋았을까—— 하는 식의 결정적인 말을 할 수 없다.

단 이 포석에서 문제점은 우상에 흑(마늘모), 좌하에도 흑이 있는 배석에서는 백이 어려운 싸움을 펼치게 된다는 것이 상식이다.

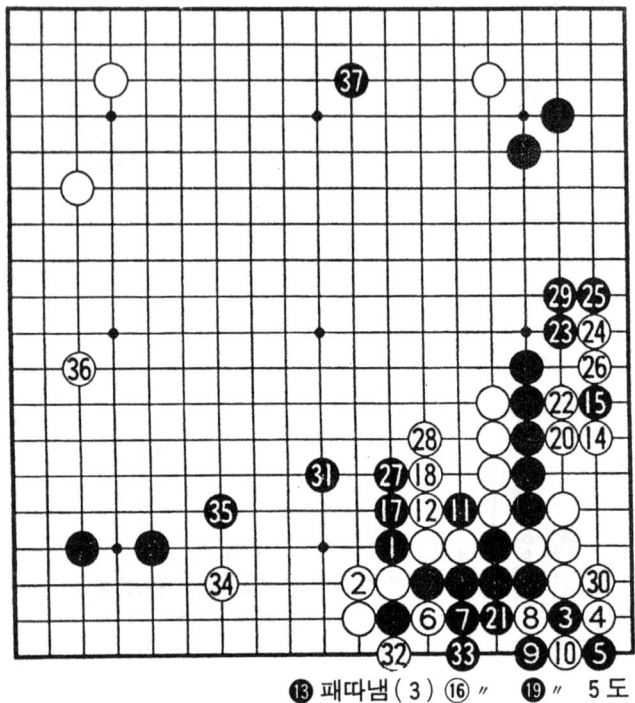

⓭ 패따냄(3) ⑯ 〃 **⓳** 〃 5 도

어지간한 힘자랑이 아니면 이 걸침은 위험하다.

또한 이 4 도의 변화중 흑16의 뻗음이 문제였다. 20에 가볍게 날일자로 두었어야 하였다. 가령 백17, 흑18의 교환 후, 백19로 마늘모 붙임으로 오면 흑21로 뻗게 되기 때문이다. 계속해서 백a의 젖혀냄에는 흑16, 백b에 흑c, 백d, 흑e, 백f, 흑g로 축에 걸친다. 그것을 흑16으로 뻗었기 때문에 어렵게 되었다.

5 도(진행)

참고로 실전의 진행 상황을 나타내 둔다.

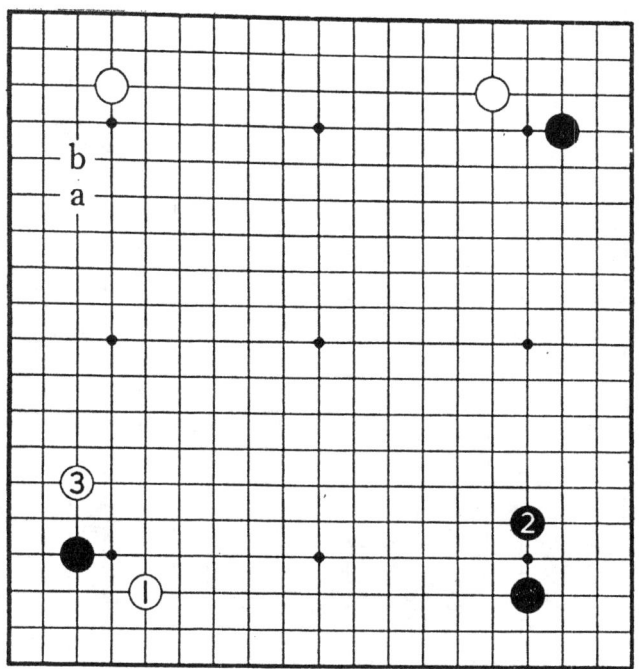

6 도

6 도 (백의 걸침)

백은 a로 굳히시 않고 1로 길치는 수도 생각할 수 있다.

남은 것은 혹2의 굳힘과 백b의 걸침이다.

혹으로서는 어쨌든 한 귀만이라도 굳혀 앞으로의 작전을 세우려는 생각으로 2로 굳혀 본다.

거기서 백은 b로 굳히는 수도 있다.

또 백으로서는 좌하귀에서 혹이 손을 떼고 있으므로 3으로 협공해 여기서부터 마무리해 가려는 작전도 성립된다.

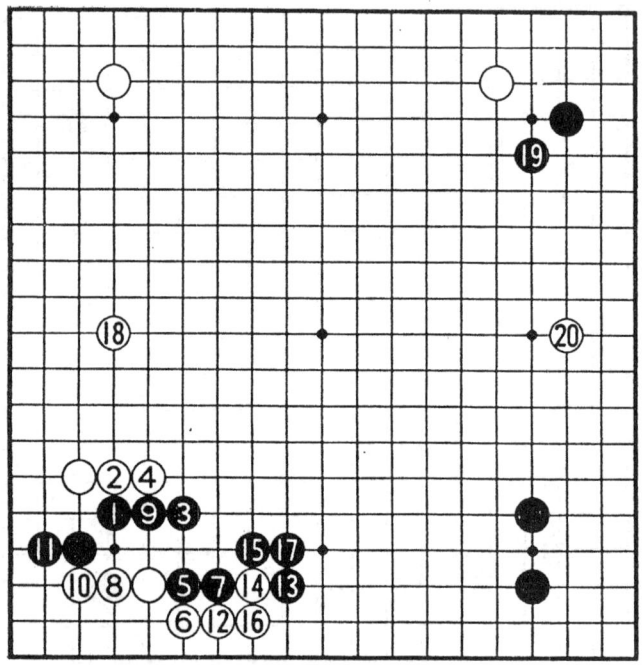

7 도

7 도(정석)

혹 1 로 마늘모를 하는 것이 보통 정석.

백 2 이하 혹 17 까지로 변화하여 일단락된다. 백 18 이하는 상정(想定)이지만 이렇게도 둘 수 있다.

두터운 맛을 살릴 배석이라면 두터운 맛이 가능한 정석을 채용하여야 하며, 집에 인색하게 두고 싶을 때에는 인색한 정석을 선택하지 않으면 안되기 때문이다.

6 도에 이어서 같은 포석에서부터 진행된 옛날 바둑이 있다.

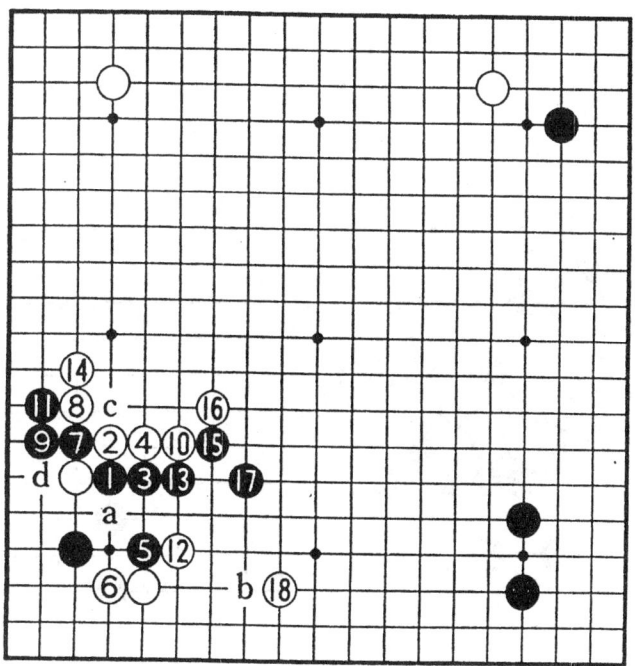

8 도

8 도 (실전례)

　이것은 桑原秀策이 스승인 본인방 秀和와 두었던 17연전의 제 9 국째에 해당한다. 그때까지 秀策은 7 승 1 패로 압도적인 힘을 보이고 있었으나 절대로 백을 가지려고 하지 않았다.

　秀策의 선수.

　흑 1 로 머리를 붙여 갔다. 흑 3 에서 a로 당기면 간명. 백b, 흑 7 의 끊음, 백 8, 흑 9, 백c, 흑d로 변화한다.

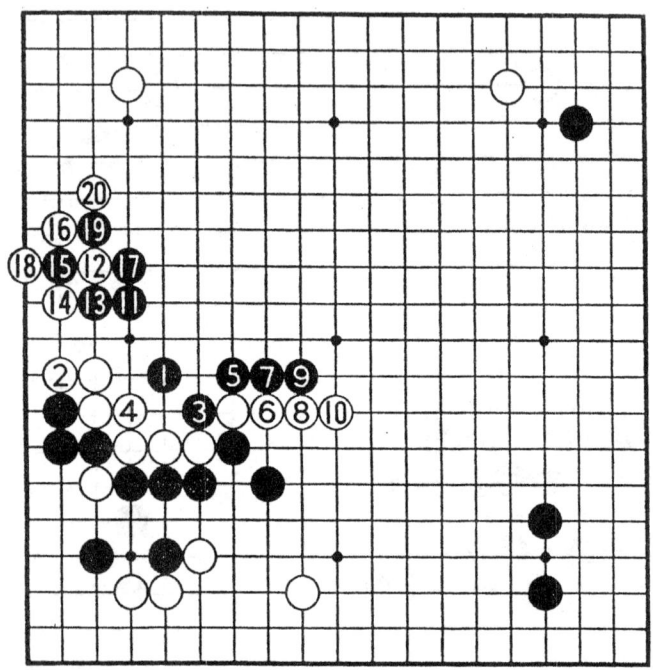

9 도

혹 3 으로 뻗고, 백 4 로 누르는 변화가 되어 매우 난해한 싸움이 되었다.

9 도 (싸움)

경쟁은 계속된다. 혹 1 이 급소.

백은 잇는 것은 이익이 된다고 보고 기세를 살려 2 로 누르고 들어 갔다.

이하 백 20 까지 (여기서 패싸움에 들어간다) 가 되어 더욱더 어려운 싸움이 계속된다. 포석과는 직접 관계없으므로 할애한다.

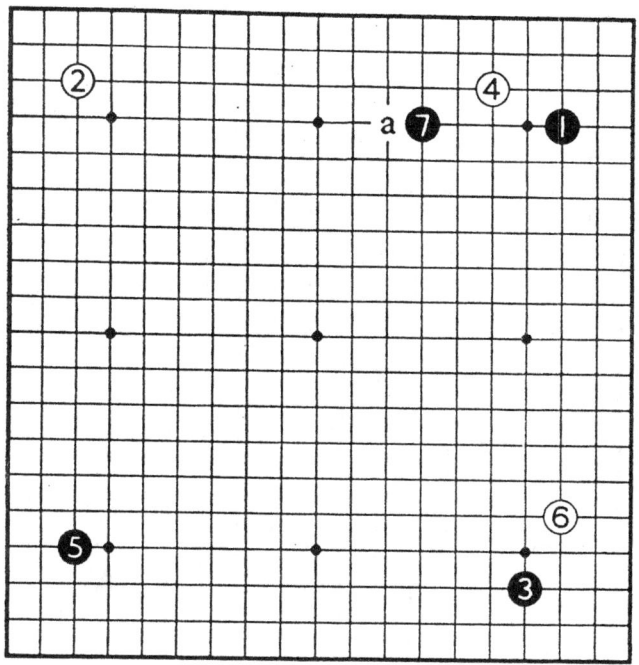

제 1 형

2. 현대형

○제 1 형

흑a의 마늘모는 덤 공제의 바둑으로는 다소 느슨하다는 것이 요즘의 생각이다.

덤 공제의 핸디가 있으므로 선착의 효과가 적어지기 전에 우위를 확보하려고 한다. 그것이 적극책으로 연결되며 현대포석의 골격을 구축하고 있다.

흑7과 a의 협공이 그 결과이다.

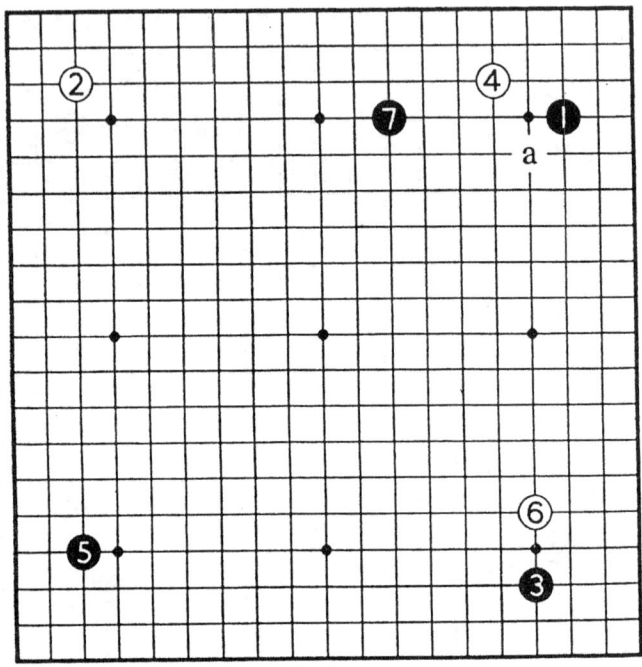

1 도

1 도 (현대감각)

백 2의 3·3도 근대의 수. 옛날에는 금수(禁手, 위치가 낮으므로 두면 파문 되었다고 하여 파문의 수로 불리었다)로 여겨지고 있었다.

혹 5까지는 秀策流인데 백 6의 한 칸 높은 걸침도 최근 많이 사용되는 수이다.

여기서 혹 a라면 클래식한 秀策流가 되는데 그것은 너무 딱딱하다고 보는 것이 현대감각이다.

그래서 혹 7로 협공해 간다. 혹 7로 협공해 우하귀에 두는 방법을 정하려는 의미가 포함되어 있다.

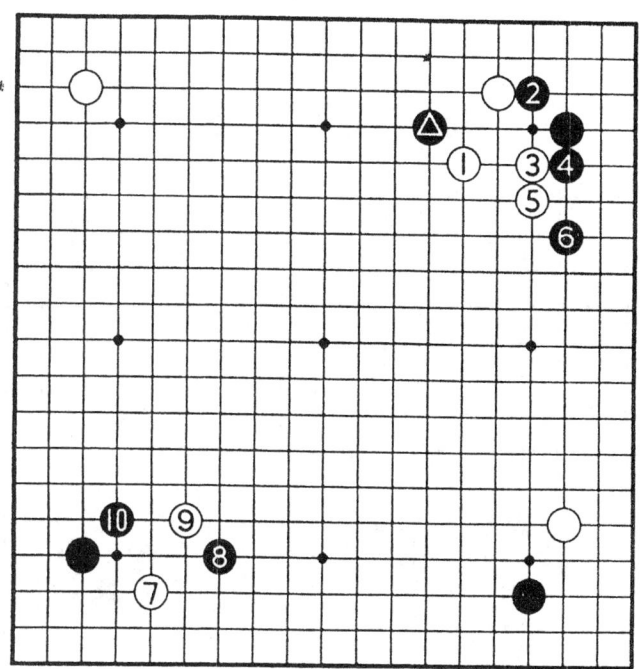

2 도

2 도 (실전례)

제 1형에 이어 두는 방법의 일례를 실전에서 들어본다.

제 4 기 명인전에서 坂田栄男 9 단(백)의 도전을 받았던 제 3 국.

필자는 秀策流로 대했다. 우상 ●의 한 칸 높은 협공에 백은 1 이하 5 까지로 응한다.

혹 6 까지 이런 진행.

백은 선수를 쥐고 7 의 걸침을 향하였는데 필자는 여기서도 혹 8 로 한 칸 높은 협공으로 엄하게 두어 갔다.

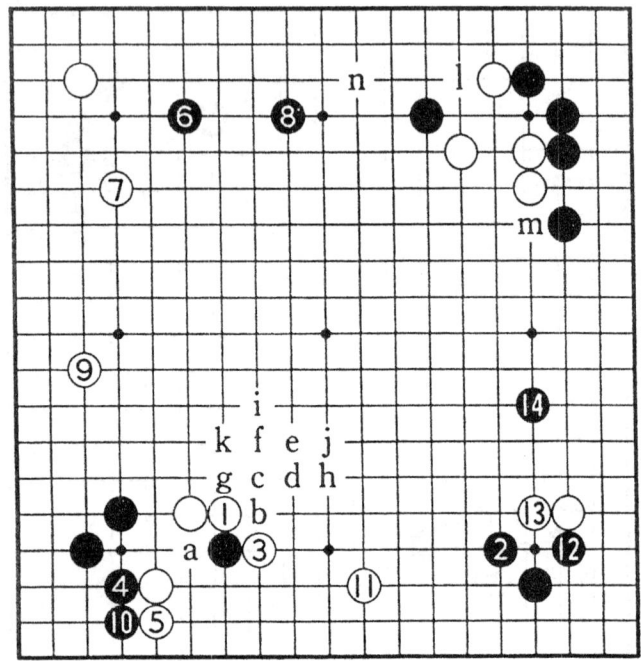

3 도

3 도(씨름)

혹 2 에서 3 으로 두는 수도 있다. 그러면 백a, 흑b, 백 c, 흑d, 이하 기호순으로 백k의 뻗음까지가 정석이다. 이것 도 있었을지 모르나 흑은 급히 2 (秀策의 마늘모)로 위치 를 높이고 백 3 을 허용하여 흑 4 로 실리를 추구하였다.

흑 6 이하 흑 14 까지로 진행하였는데 이 후 백l, 흑m, 백n으로 싸움에 돌입하였다.

秀策流의 현대판이라 할 수 있을 것이다.

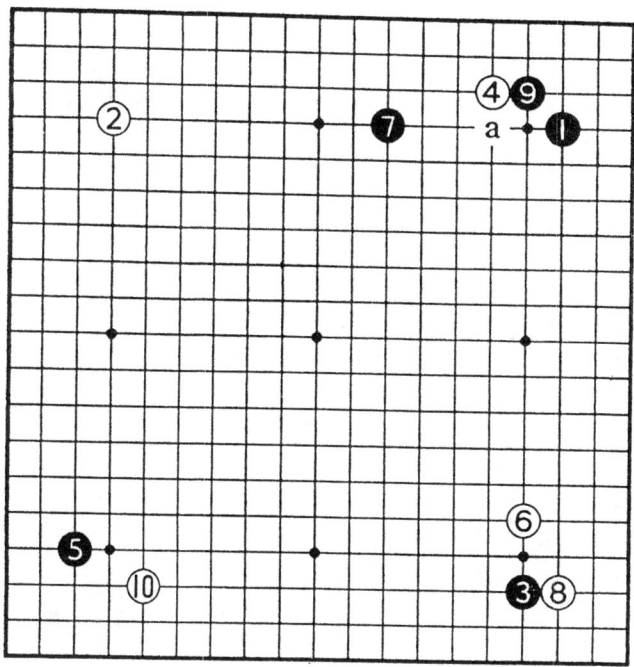

4 도

4 도 (실전례)

좌상귀의 백2가 화점. 그리고 백6의 한 칸 높은 걸침으로 현대바둑의 특징이 잘 나타나 있다.

단 흑1·3·5는 秀策流의 준비이다.

흑7로 두 칸에 높이 협공하고 여기서부터 행동을 일으키는 것이 좋다고 볼 수 있는 수법.

백은 위를 방치하고 8로 메우고, 흑도 9로 우상의 공격으로 돌린다——는 쌍방이 허허실실의 임기응변책이다.

이 바둑은 제3기 명인전에서 필자가 林海峯 명인(백)에게 도전했던 제6국이다.

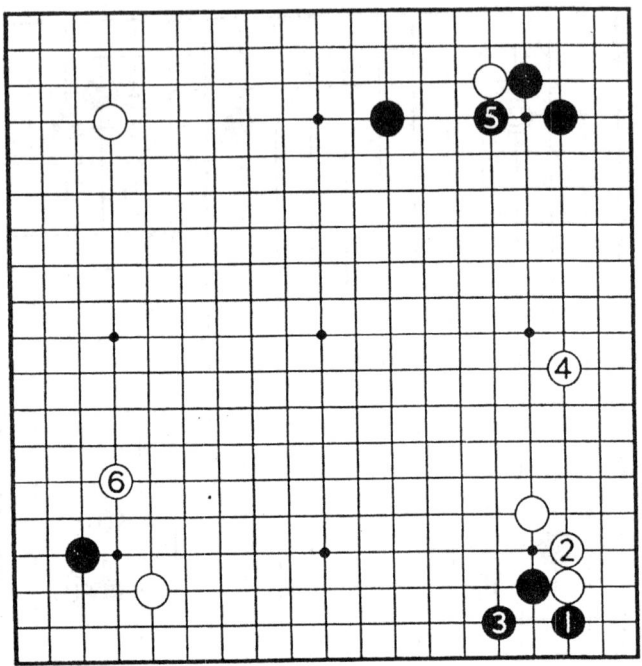

5 도

백 10은 조금 의심스러웠다. 백a로 서서 싸우는 편이 좋았을 것 같다. 흑은 그 순간을 포착하고——

5 도(두기 쉬운 포석)

흑 1 · 3으로 우하귀를 선수로 마무리, 5의 누름에 선착할 수가 있었다.

백은 그 핸디를 되찾기 위하여 6으로 대사(大斜)에 걸쳐 만회를 꾀하였으나, 흑 5에 선착해서는 흑이 두기 쉬운 포석이 되었다고 할 수 있다. 물론 승부는 이제부터 본격화 되어 간다고 할 수 있을 것이다.

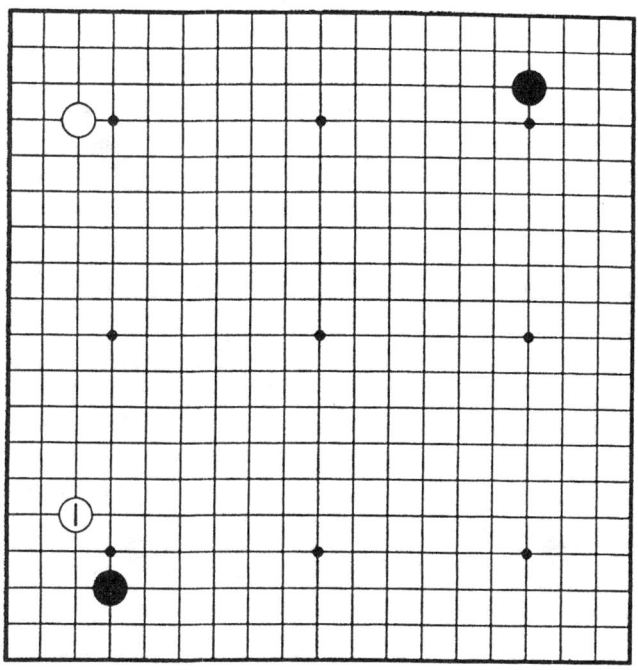

제 1 문

○연습문제

【제1문】흑

아직 바둑은 막 시작되었을 뿐. 백1로 걸쳐 왔는데 흑으로서는 秀策流로 맞서고 싶다. 그렇다면 흑의 다음의 한 수는?

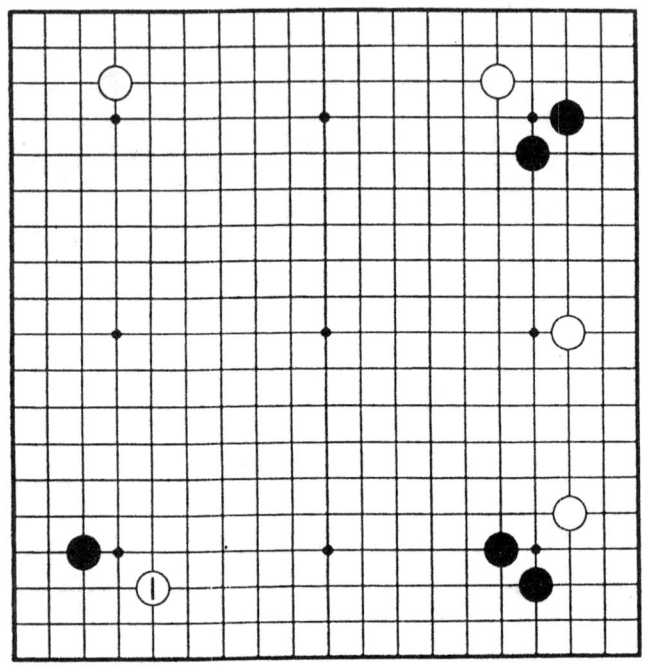

제 2 문

【제 2 문】 흑

좌하귀에서 백이 1로 걸쳐 왔다.

아직 좌상귀의 걸침도 남아 있는데 흑은 여기서 어떻게 두는 것이 좋을까.

《힌트》 우하귀의 秀策의 마늘모를 살렸으면 한다.

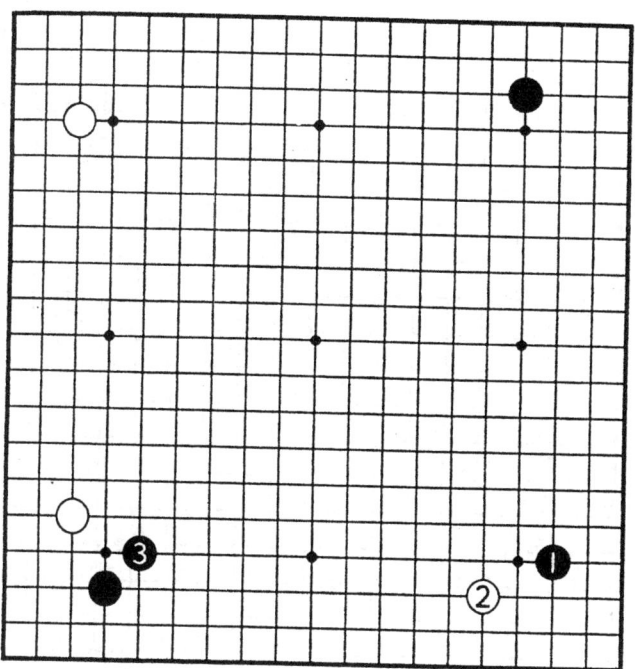

◇연습문제 해답

【제1문】

　돌의 위치가 제대로 놓여 있는 것과는 좀 다르므로　초심자는 착각하였나 하고 생각하겠지만 흑 1 로 빈귀에 선착하는 것이 秀策流이다.

　백 2 로 걸치면 흑 3 의 마늘모.

　여기까지 오면 이제 이해될 것이다.

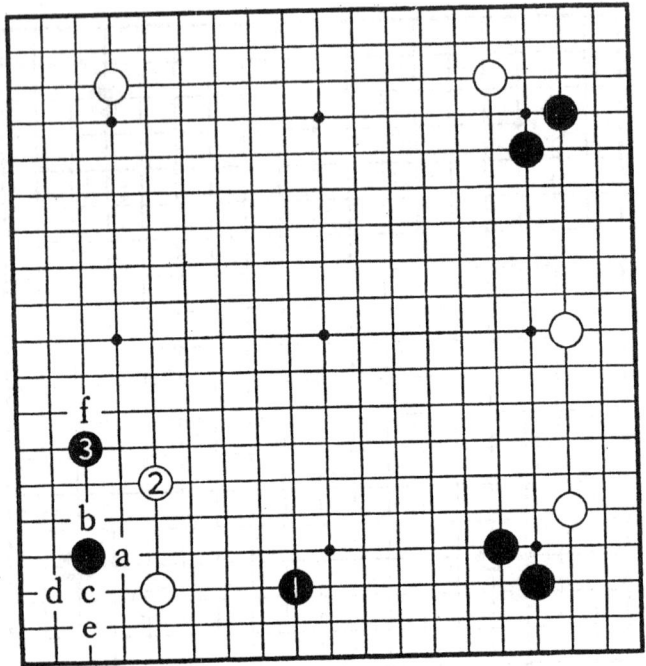

【제 2 문】

혹 1 로 이 백으로의 협공에 눈이 가면 정해이다.

혹 1 에서는 다른 협공도 있을지 모르나 이 협공이 가장 보통이다.

백 2 의 뜀에는 혹 3.

또 백 2 에서 a로 마늘모 붙임으로 수습해 오면 혹b, 백 c, 혹d, 백e, 혹f가 된다.

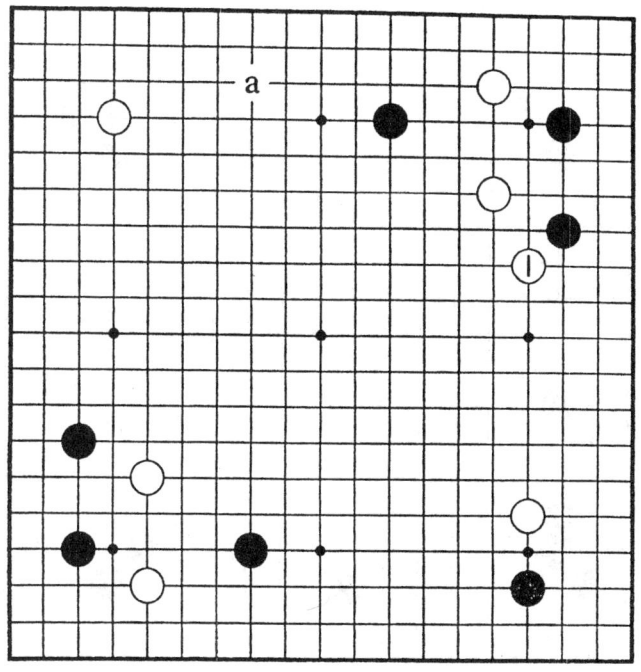

제 3 문

○연습문제

【제3문】흑

백이 1로 걸쳐 온 국면.

흑은 어떻게 해서든지 선수로 a의 점에 벌리고 싶은데, 그럼 흑은 어떻게 대처하면 좋을까.

《힌트》 우변에서 선수를 뺏을 궁리를 할 것.

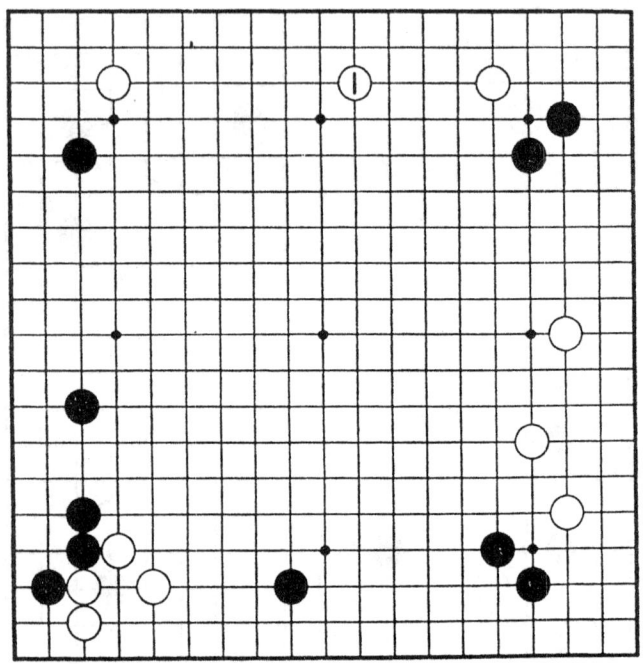

제 4 문

【제 4 문】흑

백이 1로 벌려 왔다. 이 벌림은 정말이지 멍청해서 흑으로부터 엄한 수가 있다. 어떻게 두는 것이 엄한 수가 될까?

《힌트》백은 고리모양이 된다.

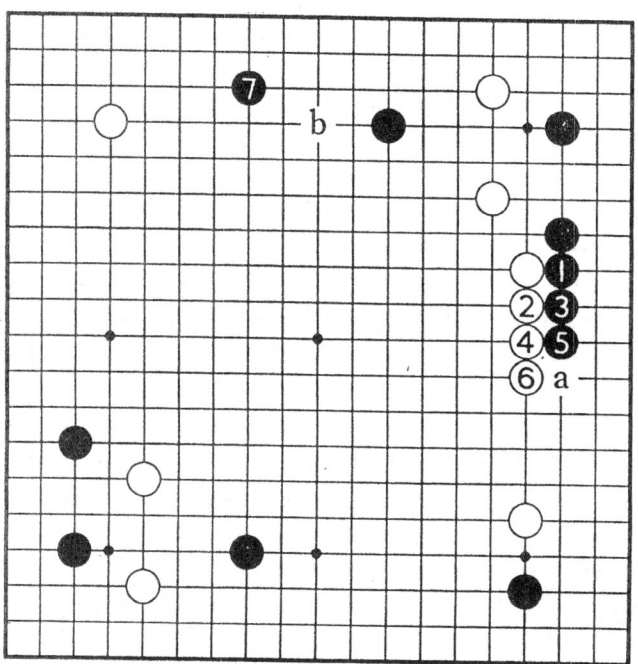

◇연습문제 해답

【제3문】

흑1·3은 방법이 없다.

보통 백4의 뻗음에 흑a로 뛰는 것이 상법이나 그렇게 되면 백b의 협공에 선착하게 한다.

따라서 여기서는 흑5로 또 한길 뻗고, 거기서 흑7의 벌림에 선착하는 것이다.

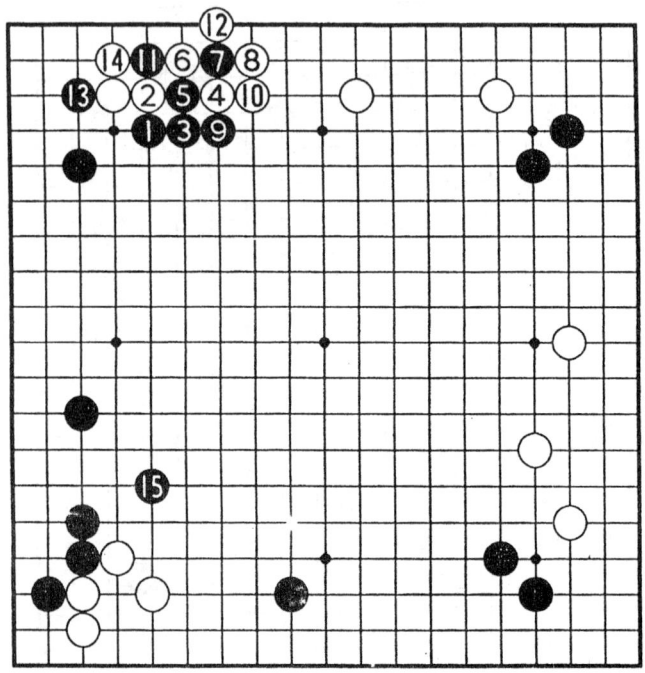

【제4문】

　상변의 백이 모두 제3선에 있음에 주목하라.

　이러한 곳은 지체없이 흑1·3으로 압박하여 5 이하 흑13까지로 마무리해 버리는 것이 좋다.

　백은 저위에 치우쳐, 게다가 고리모양이 되어 포석에서 후수로 물러나게 되었다.

　흑은 15로 돌려 순조롭게 나아간다.

판　권
본사
소　유

초보자를 위한 실전포석 입문

2014년 7월 25일 인쇄
2014년 7월 30일 펴냄

지은이/ 人 竹 英 雄
옮긴이/ 프로바둑연구회
펴낸이/ 최　　상　　일
펴낸곳/ 太乙出版社
서울특별시 중구 신당6동 52-107 (동아빌딩내)
등록/1973년 1월 10일(제4-10호)

＊잘못된 책은 구입하신 곳에서 교환해 드립니다.

■주문 및 연락처

우편번호 １００-４５６
서울특별시 중구 신당6동 52-107 (동아빌딩 내)
전화 / 2237-5577 팩스 / 2233-6166

ISBN 89-493-0352-3　　　13690

"당신의 바둑실력이 두 배로 는다!!"

최신판!! 프로바둑강좌시리즈

'머리의 바둑'은 '공격을 겸한 방어'이자, '방어를 위한 공격'이다!!